Jeffrey J. Fox

So werde ich der Boss

Jeffrey J. Fox

So werde ich der Boss

Die goldenen Regeln
für den Aufstieg

Econ

Nach der amerikanischen Originalausgabe
»How to become CEO:
the rules for rising to the top of any organization«,
published 1998 by Hyperion, New York.
Aus dem Englischen
von Annette von der Weppen
© 1998, Jeffrey J. Fox
Published by Arrangement with Author

2. Auflage 1999

Der Econ Verlag ist ein Unternehmen
der Verlagshaus Goethestraße GmbH & Co. KG

ISBN 3-430-12866-8

© 1999 Verlagshaus Goethestraße GmbH & Co. KG,
München
Lektorat: Christina Seitz
Gesetzt aus der Galliard bei Josefine Urban –
KompetenzCenter, Düsseldorf
Papier: Papierfabrik Schleipen GmbH, Bad Dürkheim
Druck und Bindearbeiten: Clausen & Bosse GmbH, Leck

Für Legh F. Knowles, Jr.

(1919 – 1997)

Vorstandsvorsitzender von Beaulieu Vineyard,
Napa, Kalifornien,

Musiker – Trompeter im Glenn Miller
Orchestra –, Topverkäufer, ultimativer CEO
und Mentor

Inhalt

Einleitung   17

I

Nehmen Sie immer den Job,
der am besten bezahlt ist   21

II

Line jobs sind besser als *Staff jobs*   23

III

Erwarten Sie nicht, daß die Personalabteilung
Ihre Karriere plant   25

IV

Ohne Kunden kein Geschäft   27

V

Halten Sie Ihren Körper fit   29

VI

Stärken Sie Ihre Persönlichkeit   30

VII

Schreiben Sie kein fieses Memo   31

VIII

Denken Sie jeden Tag eine Stunde
lang nach 32

IX

Legen Sie ein »Ideenbuch« an 33

X

Gehen Sie niemals mit Kollegen
einen trinken 34

XI

Rauchen Sie nicht 35

XII

Gehen Sie »Businessparties«
aus dem Weg 37

XIII

Freitag ist Ihr »Kommunikationstag« 39

XIV

Gewinnen Sie die Mitarbeiter Ihrer Kollegen
als Verbündete 41

XV

Merken Sie sich alle Namen 42

XVI

Organisieren Sie
»Anerkennungstouren« 43

XVII

Tun Sie immer mehr als der Durchschnitt   44

XVIII

Arbeiten Sie eine Stunde mehr   45

XIX

Nehmen Sie keine Arbeit
mit nach Hause   47

XX

Empfangen Sie die »höheren Weihen«   49

XXI

Reisen Sie nicht mit Vorgesetzten   51

XXII

Essen Sie im Hotel auf dem Zimmer   53

XXIII

Arbeiten Sie im Flieger,
statt Krimis zu lesen   55

XXIV

Pflegen Sie Ihre Kontakte   56

XXV

Schreiben Sie oft mit der Hand   58

XXVI

Ihr Chef ist nicht Ihr bester Freund   60

XXVII
Keine Leichen im Keller! 62

XXVIII
Es gibt nichts Gutes, außer man tut es 64

XXIX
Machen Sie regelmäßig Urlaub 66

XXX
Schlagen Sie Ihren Vorgesetzten
keine Bitte ab 68

XXXI
Kein Chef liebt Überraschungen 69

XXXII
Ihr Chef soll gut dastehen – und der Chef
Ihres Chefs noch besser 71

XXXIII
Lassen Sie einen guten Chef keine Fehler
machen 73

XXXIV
Legen Sie einmal im Monat einen
Bibliothekstag ein 75

XXXV
Hören Sie niemals auf zu lernen 76

XXXVI
Lesen Sie diese Bücher   78

XXXVII
Kleider machen Leute   79

XXXVIII
Menschen sind die beste Investition   81

XXXIX
Zahlen Sie Ihren Leuten lieber zuviel
als zuwenig   84

XL
Stop – erst mal hinschauen und zuhören   86

XLI
Ihr Unternehmen ist immer das beste   88

XLII
Stopfen Sie die »Datenlöcher«   90

XLIII
Machen Sie Ihre Hausaufgaben – immer   91

XLIV
Nur keine Panik . . .
und keinen Wutausbruch!   93

XLV
Reden Sie kein Fachchinesisch   95

XLVI

Jeder Mensch ist etwas Besonderes 98

XLVII

Ehre, wem Ehre gebührt 99

XLVIII

»Überraschungs«-Prämien wirken Wunder 101

XLIX

Bitte, gehen Sie mit jedermann
höflich um 102

L

Zehn Sätze, über die sich jeder freut 104

LI

Ohne Fleiß kein Preis 106

LII

Wer nicht wagt, der nicht gewinnt 107

LIII

Eile mit Weile 109

LIV

Ändern Sie nicht Ihr Erfolgsrezept 111

LV

Gute Ideen sind gute Ideen –
egal, woher sie kommen 113

LVI
Bürointrigen sind tabu   114

LVII
Bleiben Sie drahtig und
auf Draht   116

LVIII
Suchen Sie sich ein Vorbild   117

LIX
Überschreiten Sie nicht Ihr
Budget   119

LX
Unterschätzen Sie nie
einen Gegner   120

LXI
Trick siebzehn gegen Rufmörder   121

LXII
Werden Sie Mitglied im
»Hätt'-ich-bloß-nicht-Club«   123

LXIII
Das Konzept muß nicht perfekt sein,
aber seine Umsetzung   124

LXIV
Nur aus Schaden wird man klug   126

LXV
In der Gegenwart leben,
für die Zukunft planen und
Vergangenes vergessen 128

LXVI
Lachen ist gesund 129

LXVII
Die Familie ist Ihr wichtigster
Kunde 130

LXVIII
Ohne Ziele keine Treffer – ohne Treffer
kein Erfolg 132

LXIX
Denken Sie auch an die Lebensgefährten Ihrer Mitarbeiter 134

LXX
Denken Sie immer wie ein Verkäufer 136

LXXI
Werden Sie ein Topverkäufer 138

LXXII
Gründen Sie kein Imperium 140

LXXIII
Mehr Performance statt Papier 141

LXXIV

Lehren heißt lernen und leiten 144

LXXV

Keine Chance für Pessimisten 146

Epilog 148

Autor 149

Einleitung

Warum Sie dieses Buch
lesen sollten

Wenn Sie sich dieses Buch gekauft haben, dann haben Sie beruflich offenbar noch große Pläne. Wenn jemand anderes es Ihnen geschenkt hat, dann muß derjenige davon überzeugt sein, daß Sie noch Pläne haben. Daß Sie den Ehrgeiz haben, an sich zu arbeiten, etwas zu leisten, etwas zu bewegen, sich beruflich zu verbessern, Erfolg zu haben und der Boß zu werden. Und das ist gut so.

Der Boß steht hier exemplarisch für jegliche Art von Führungsposition. Der Boß ist in strategischer Hinsicht für die Zukunft und den Wohlstand seines Unternehmens verantwortlich. Dabei kann es sich um eine Schulleiterin handeln, einen Geschäftspartner, einen Militärgeneral oder Oberbefehlshaber, den Papst, die Königin oder einen Anstaltsleiter. Ganz gleich wie der Titel lautet: Der Boß ist immer der Chef – oder natürlich die Chefin, weshalb ich im Text öfter auch die weibliche Anredeform verwende. Wenn Sie also Chef werden wollen, dann kann dieses Buch Ihnen dabei helfen.

Für den Aufstieg zum Boß spielen eine ganze Reihe von Faktoren eine Rolle: Ihre Arbeitsgewohnheiten, Ihre Fähigkeiten, Ihre Persönlichkeit, der Zufall, die richtige Zeit und der richtige Ort, Ihre Konkurrenten, Ihre Helfer, die äußeren Bedingungen und vieles mehr. Dieses Buch kann Ihnen helfen, Ihre Arbeitsgewohnheiten zu verbessern, dem Zufall auf die Sprünge zu helfen, die richtige Zeit und den richtigen Ort abzupassen, Ihre Konkurrenten zu überflügeln und Ihre Fähigkeiten optimal einzusetzen.

Dieses Buch enthält daher eine Menge Ratschläge und Empfehlungen. Sie beruhen auf realen Situationen in Wirtschaft und Unternehmen und sind in keinem MBA-Curriculum zu finden. Sie sind knapp und unverblümt formuliert, grundsätzlich wertungsfrei, leicht zu lesen, zu verarbeiten und umzusetzen.

Viele der Anregungen sind als Imperativ oder als Regel formuliert, und zwar deshalb, weil ich die Dinge so zeige, wie sie sind – und nicht, wie sie sein sollten. Obwohl dieses Buch in erster Linie darauf angelegt ist, Sie bei Ihrem beruflichen Aufstieg zu unterstützen, werden Sie bald feststellen, daß viele der Hinweise auch auf Ihr Privatleben anwendbar sind.

Der sicherste Weg an die Unternehmensspitze

ist der, selbst ein Unternehmen zu gründen oder zu kaufen. Dieses Buch wird denjenigen eine Hilfe sein, die eine Karriere in einem großen Unternehmen planen. Aber es wird natürlich auch für diejenigen aufschlußreich sein, die lieber Ihr eigenes Unternehmen führen.

Dieses Buch wurde mit großer Umsicht von Laurie Abkemeyer beim Verlag Hyperion redigiert und hervorragend betreut von meiner Agentin Doris S. Michaels in New York. Beiden gilt mein herzlicher Dank. Ich bin sehr interessiert an ihren Kommentaren, Ideen, Ergänzungsvorschlägen und natürlich an allen Beispielen, wie sie die Anregungen dieses Buches für sich erfolgreich genutzt haben. Schreiben Sie mir: c/o Econ Verlag, Goethestr. 43, D–80336 München.

Jeffrey J. Fox

I

Nehmen Sie immer den Job, der am besten bezahlt ist

Wissen Sie schon, in welcher Branche Sie arbeiten wollen? Im Bankgeschäft, in der Werbung, in der Produktion oder wo auch immer? Dann gehen Sie zu dem Unternehmen, das am besten zahlt. Sie wissen noch gar nicht so genau, welche Karriere in welchem Beruf Sie einschlagen wollen? Dann nehmen Sie auf jeden Fall den Job, der am besten bezahlt ist, egal in welcher Sparte und in welchem Unternehmen. Auch wenn Sie schon für ein Unternehmen arbeiten, sollten Sie sich immer für diejenige Versetzung, Beförderung oder neue Aufgabe entscheiden, die am besten bezahlt ist.

Es gibt gute Gründe, solche Entscheidungen am Geld festzumachen:

• All Ihre Prämien, Boni, Nebeneinkünfte und künftigen Gehaltserhöhungen hängen von der Höhe Ihres Einkommens ab, denn Zusatzvergütungen werden üblicherweise in Prozent berechnet. Zehn Prozent Gehaltserhöhung bedeuten bei einem Einkommen von 50 000 DM immerhin 1 000 DM mehr als bei einem Einkommen von 40 000 DM.

- Je besser Sie bezahlt werden, desto eher wird auch die Unternehmensführung auf Sie aufmerksam.

- Je mehr Sie verdienen, desto mehr Leistung wird von Ihnen erwartet, das heißt, desto mehr Aufgaben und Verantwortung wird man Ihnen übertragen. Und jede neue Aufgabe bedeutet für Sie eine Chance, Ihr Können unter Beweis zu stellen.

- Wenn bei zwei Anwärtern auf eine Position mit 100 000 DM im Jahr der eine bisher 70 000 DM verdient und der andere 80 000 DM, dann wird immer der Besserbezahlte den Job bekommen. Begabung, Erfolg oder sonstige Kriterien spielen dabei keine Rolle. Unternehmen machen es sich gern leicht, und es ist nun einmal leichter, den Besserbezahlten zu befördern.*

- Außerdem ist Geld im Business der entscheidende Maßstab: Je mehr Sie verdienen, desto besser sind Sie auch – so einfach ist das.

---

* Für die meisten Unternehmen bedeutet die Beförderung des höherbezahlten Mitarbeiters den Weg des geringsten Widerstands. Irgendwer hat schließlich irgendwann einmal dafür gesorgt, daß dieser Mitarbeiter so gut bezahlt ist. Wird er nun plötzlich nicht mehr befördert, wird damit auch seine frühere Beförderung in Frage gestellt. Und diejenigen, die ihn zum Besserbezahlten befördert haben, sind ja ihrerseits noch viel besser bezahlt. Besserbezahlte zu befördern hat also in erster Linie den Sinn, die weise Voraussicht der Führungskräfte zu bestätigen.

II

Line jobs sind besser als *Staff jobs*

Line jobs sorgen für Umsatz. Sie bringen dem Unternehmen Geld ein oder haben zumindest direkt mit Gewinn und Verlusten zu tun. *Line jobs* und *staff jobs* sind nicht immer klar zu unterscheiden, aber *line jobs* sind meistens die, wo was los ist.

Zu den Beschäftigten mit *line jobs* gehören Verkäufer, Verkaufsleiterinnen, Produktmanager, Betriebsleiter, Marketingmanager, Werksmeister, Supervisors und Geschäftsführer. Zu den Leuten mit *staff jobs* hingegen zählen Anwälte, Planer, Datenverarbeiter, Forschungs- und Entwicklungsexperten und alle Beschäftigten in der Verwaltung. *Line jobs* sind die Jobs mit Kundenkontakt. Sie sind für Kundengewinnung und Kundenbindung zuständig. Ein Teil der *staff jobs* hat zumindest noch indirekten Kontakt zum Kunden. Jobs ohne jeden Bezug zum Kunden sind überflüssig.

In den meisten Unternehmen gehört der Großteil der Beschäftigten entweder zur Verwaltung oder zum Verkauf. Wer in der Verwaltung arbeitet, ist deshalb nicht unfähig oder unbegabt. Er sitzt bloß nicht an einer entscheidenden Stelle. Das Unternehmen ist nicht von ihm abhängig.

Nehmen Sie keinen *staff job* an, es sei denn für den Übergang, als Sprungbrett, und auch dann nur, wenn er besser bezahlt ist.

Sorgen Sie dafür, daß Sie die *line jobs* und *staff jobs* in Ihrem Unternehmen voneinander unterscheiden können. Und sorgen Sie dafür, daß Sie den richtigen Job bekommen.

III

Erwarten Sie nicht, daß die Personalabteilung Ihre Karriere plant

Erstaunlich viele Führungskräfte scheinen zu glauben, die Karriereplanung sei Sache der Personalabteilung. Sie scheinen zu glauben, ihr Unternehmen habe noch Großes mit ihnen vor. Andere wiederum denken, sie könnten sich einfach auf den vorgegebenen Stufen der Karriereleiter nach oben arbeiten, ähnlich wie bei der Polizei oder beim Militär: Als Jungmanager absolvieren sie zunächst eine Grundausbildung, um dann von der allwissenden Unternehmensleitung automatisch in die nächsthöheren Etagen befördert zu werden.

So funktioniert das aber nicht.

Kein Unternehmen entwirft Karrierepläne für angehende Unternehmensleiter, geschweige denn für sonst irgend jemand. Sie allein, und sonst niemand, sind für Ihren Lebensweg und Ihre Karriere verantwortlich. Sie allein müssen sich ein Ziel stecken. Und Sie allein müssen den Plan entwerfen, wie Sie es erreichen. Sie allein müssen herausfinden, welche Fähigkeiten und Kenntnisse erforderlich sind, um in Ihrem Unternehmen an die Spitze zu kommen. Und Sie allein müssen dafür sorgen, daß Sie diese Kenntnisse auch erwerben.

IV

Ohne Kunden
kein Geschäft

Kunden sind das Lebenselixier für jedes Unternehmen. Das sollte eigentlich jedem klar sein. Und es wird ja auch ständig beteuert: »Bei uns ist der Kunde König«; oder »Wir arbeiten im Dienste des Kunden«; oder »Unser Chef ist nur der Kunde«. Warum verhalten sich dann nur die wenigsten Mitarbeiter auch entsprechend? Besonders Führungskräfte, je höher ihre Position und je größer das Unternehmen, haben kaum noch Kontakt zu Kunden »aus Fleisch und Blut».

Wenn diese Führungskräfte dann ein Unternehmen umstrukturieren und verschlanken, versuchen sie oft, das entstandene Chaos mit dem Argument zu rechtfertigen, sie wären jetzt »zwei oder drei Stufen näher am Kunden«. So ein Quatsch! *Jeder* Angehörige eines Unternehmens, egal in welcher Funktion, sollte direkten Kontakt zum Kunden haben.

Warum aber wollen so viele Beschäftigte nicht im Kundenkontakt arbeiten? Weil der Umgang mit Kunden so anstrengend ist. Kunden sind unberechenbar. Sie haben dauernd Sonderwünsche, stellen hohe Ansprüche und wollen dann auch noch den Preis drücken. Da hat man es in einem unpersönlichen Verwaltungsjob schon leichter.

Suchen Sie den Kontakt zu Ihren Kunden, denen von heute und denen von morgen. Von Ihren Kunden kommen die Impulse für neue Produkte und Anwendungsmöglichkeiten. Von Ihren Kunden kommen die ersten Warnsignale, wenn Ihr Produkt in irgendeiner Hinsicht zu wünschen übrig läßt. Und Ihre Kunden kennen die Konkurrenz am besten. Der Kontakt mit Ihren Kunden ist der Kontakt mit Ihrer Zukunft.

Wenn das Telefon klingelt, sollten zehn Leute hinstürzen, um das Gespräch anzunehmen.

Der Kunde ist tatsächlich König. Aber nicht nur das: er ist es auch, der Könige krönt. Daran sollte ein zukünftiger Unternehmensleiter immer denken.

V

Halten Sie Ihren Körper fit

Mit dem Kopf verdienen Sie Ihr Geld, aber dazu muß er auch auf einem gesunden Körper sitzen. Je besser Ihre körperliche Verfassung ist, desto effektiver und ausdauernder werden Sie arbeiten können.

Eine gute Kondition verschafft Ihnen noch einen weiteren Vorteil: Die meisten Führungskräfte sind nämlich ziemlich aus der Form. Sie dagegen fangen früher an, machen weniger Pausen und legen abends trotzdem noch locker einen Spurt hin.

Außerdem schlafen Sie besser. Sie haben viel Power und bauen nicht so schnell ab. Sie fühlen sich top und kriegen keine Depressionen.

Auch in Ihrer Freizeit haben Sie noch die Motivation und Energie, um eine Fußballmannschaft zu coachen, ein Ehrenamt zu übernehmen oder ins Theater zu gehen.

Wie Sie sich fit halten, bleibt Ihnen überlassen.

VI

Stärken Sie Ihre Persönlichkeit

Suchen Sie sich in regelmäßigen Abständen eine extreme Herausforderung, etwas, das nur wenige zu tun bereit wären. Damit stärken Sie Ihre Willenskraft und Ihr Selbstbewußtsein. Diese mentalen Eigenschaften sind im Business von größter Bedeutung.

Ein Beispiel dafür wäre, bis tief in die Nacht für eine Abschlußprüfung in Modedesign zu arbeiten, vor allem im Winter, wenn die Nächte besonders lang sind. Oder früh morgens langsam eine extrem lange Runde zu joggen (nicht in der Mittagspause, wie alle anderen).

Sie können aber auch Holz hacken, etwas schreiben, im Garten arbeiten oder Shakespeare lesen. Hauptsache, Sie tun es allein und nur für sich.

Jeder Topathlet kennt diese endlosen, einsamen Stunden harter Arbeit, die einem scheinbar niemand dankt. Genau wie jede Unternehmensleiterin.

VII

Schreiben Sie
kein fieses Memo

Schreiben Sie niemals ein Memo, in dem Sie jemanden verurteilen, abwerten, kränken oder lächerlich machen. Auch kein zynisches, herablassendes oder unfreundliches. Und schicken Sie niemals eins los, das Sie in schlechter Laune verfaßt haben.

Die Welt des Business ist ziemlich klein. In den dreißig oder vierzig Jahre Ihres Berufslebens werden viele Ihrer Kollegen befördert werden, den Job oder das Unternehmen wechseln und einflußreiche Leute kennenlernen, und das rund um den Globus. Unternehmen wiederum fusionieren, übernehmen andere und werden übernommen. Ihr selbstverschuldeter Widersacher kann immer und überall wieder auftauchen.

Machen Sie sich keine Feinde, schon gar nicht unter Ihren Konkurrenten im Unternehmen. Das kostet Sie Energien, die Sie besser auf positive Dinge verwenden sollten.

VIII

Denken Sie jeden Tag
eine Stunde lang nach

Nehmen Sie sich jeden Tag eine volle Stunde Zeit zum Planen, Träumen, Entwerfen, Berechnen und Nachdenken. Überprüfen Sie Ihre Ziele. Ziehen Sie Alternativen in Erwägung und kalkulieren Sie mögliche Schwierigkeiten. Sammeln Sie Ideen, oder proben Sie in Gedanken Ihr nächstes Verkaufsgespräch, Ihre nächste große Präsentation. Überlegen Sie sich mögliche Vorgehensweisen. Machen Sie in Ihrem Kopf Bestandsaufnahme.

Und das jeden Tag. Zu einer bestimmten Zeit. Und an einem Schreibtisch. Nicht beim Autofahren oder beim Joggen. Und nicht beim Duschen oder Rasieren. Und versuchen Sie es erst recht nicht im Büro – dort sind Sie viel zu abgelenkt.

Sammeln Sie Ihre Ideen in einem »Ideenbuch«.

IX

Legen Sie ein »Ideenbuch« an

Kaufen Sie sich ein schönes Notizbuch. Bewahren Sie es immer an einem bestimmten Ort auf – in der Schreibtischschublade oder in der Aktentasche – und nur dort. Bringen Sie all Ihre Ideen, Pläne, Ziele und Träume zu Papier.

Nutzen Sie dieses Notizbuch als Grundlage für Ihre tägliche, wöchentliche, monatliche und jährliche »To-Do-Liste«. Gute Ideen brauchen ihre Zeit. Und wenn sie gekommen ist, dann setzen Sie Ihre Ideen anhand Ihrer Liste in die Tat um.

X

Gehen Sie niemals
mit Kollegen einen trinken

Gehen Sie niemals nach der Arbeit mit Kollegen einen trinken. Sie verschwenden nur Zeit und Geld. Genehmigen Sie sich lieber ein Gläschen in Gesellschaft Ihres Ehepartners oder eines Freundes.

Trinken Sie mittags keinen Alkohol. Oder noch besser: Gehen Sie mittags erst gar nicht zu Tisch. Spielen Sie lieber Squash, oder lassen Sie die Mittagspause einfach ausfallen.

Während einer Geschäftsreise, bei einer Tagung, einem Seminar oder einem Managementmeeting sollten Sie immer erst nach dem Abendessen zu einem gemeinsamen Drink erscheinen. Gehen Sie lieber schwimmen oder joggen. Danach in die Sauna, unter die Dusche und dann erst in den Abendanzug.

Trinken Sie sich in Gegenwart Ihrer Mitarbeiter niemals einen Schwips an. Das ist ein Zeichen von Schwäche. Es zeigt, daß Sie sich nicht unter Kontrolle haben.

XI

Rauchen Sie nicht

Jeder weiß, daß Raucher ihren Mitmenschen nichts Gutes tun. Ein Raucher läuft daher ständig Gefahr, einen Nichtraucher zu verärgern, der womöglich seine Karriere beeinflussen könnte. Hinzu kommt, daß selbst starke Raucher die Zigarettenkippen, die dreckigen Ascher, die verrauchten Räume und den Geruch von Rauchern als unangenehm empfinden.

Neben diesen allseits bekannten Argumenten gegen das Rauchen sprechen aber auch noch weitere Gründe dagegen, die vor allem im Business zum Tragen kommen: Rauchen ist nämlich Zeitverschwendung. Und Rauchen ist egozentrisch. Wer aber im Business Erfolg haben will, muß sich ganz auf die Wünsche und Bedürfnisse anderer konzentrieren. Rauchen lenkt Sie davon ab.

Ein Raucher mag zwar kontrolliert wirken, aber ein echter Sieger im Business hat die Kontrolle.

Gegen eine gute Zigarre ist allerdings nichts einzuwenden ... wenn man sie allein oder in Gesellschaft von Freunden raucht. In Gegenwart eines Vorgesetzten sollten Sie lieber keine teure Zigarre rauchen, sonst riskieren Sie, daß man Sie für einen aufgeblasenen Wichtigtuer hält. Auch wenn Ihr Chef zur Feier des Tages Zigarren anbietet, heben Sie sie lieber für eine andere Gelegenheit auf: So eine »Sieger-Zigarre« steht Ihnen vielleicht noch gar nicht zu.

XII

Gehen Sie »Businessparties« aus dem Weg

Businessparties« und sonstige Betriebsfeiern sind ein Widerspruch in sich. Bei diesen Parties geht es nämlich nicht um ein geselliges Beisammensein, sondern einzig und allein ums Geschäft. Versuchen Sie bloß nicht, sich dort zu amüsieren. Am besten gehen Sie gar nicht erst hin. Kritische Bemerkungen sollten Sie sich allerdings verkneifen und Ihre Absicht auch nicht an die große Glocke hängen. Gehen Sie nur einfach nicht hin. Und lassen Sie sich eine höfliche Ausrede einfallen.

Genausowenig sollten Sie an Betriebsausflügen teilnehmen, es sei denn, die Ehepartner sind auch eingeladen. Ein Betriebsausflug ohne Ehepartner bedeutet nämlich meistens Schwierigkeiten. Wenn Sie trotzdem hingehen, riskieren Sie, in Situationen hineingezogen zu werden, mit denen Sie nicht einverstanden sind.

Wenn allerdings das ungeschriebene Gesetz gilt, daß man sich dort blicken lassen muß, dann sollten Sie natürlich hingehen. Trinken Sie aber keinen

Alkohol. Und bleiben Sie höchstens eine Dreiviertelstunde. Danken Sie dem Chef für die Einladung, und gehen Sie wieder. Falls irgendwer fragt, wo Sie hinwollen, sagen Sie, daß Sie eine wichtige Verabredung haben, mit dem Partner oder den Eltern, mit der oder dem Verlobten, mit Ihrem Hausarzt, Ihrem Musiklehrer oder Ihrem Trainer.

Parties sind dazu gedacht, fröhlich mit Freunden zu feiern. Beherzigen Sie das alte Sprichwort: »Geschäft ist Geschäft, und Schnaps ist Schnaps.«

XIII

Freitag ist Ihr »Kommunikationstag«

Laden Sie jeden Freitag mittag jemanden zum Essen ein, der für Ihre Arbeit wichtig ist, und fragen Sie ihn, wie es ihm so geht. Das muß kein Mitarbeiter aus Ihrer eigenen Abteilung sein, sondern irgend jemand, der ein wichtiges »Rädchen im Getriebe« ist und Sie bei Ihrer Arbeit unterstützt. Wenn Sie im Verkauf tätig sind, könnten Sie vielleicht den Assistenten der Verkaufsleitung einladen. Oder den Mitarbeiter, der die Stückzahlen berechnet oder die Kostenvoranschläge erstellt. Wenn Sie im Marketing tätig sind, könnte es jemand aus der Herstellung oder der Forschungs- und Entwicklungsabteilung sein. Wo auch immer Sie arbeiten, es gibt immer jemanden, den Sie einladen sollten.

Wenn Sie noch gar nicht wissen, wer Ihnen zuarbeitet, dann sollten Sie es baldmöglichst herausfinden. Unternehmen sind strukturiert wie eine Maschine. Jedes noch so kleine Einzelteil muß funktionieren. Und dazu muß es geölt werden.

Stellen Sie fest, wer für Ihre Arbeit wichtig ist – egal in welcher Position –, und lassen Sie ihn wissen, daß Sie auf seine Leistung angewiesen sind und sie anerkennen.

Gewinnen Sie auf diese Weise jeden Monat mindestens einen neuen Verbündeten in Ihrem Unternehmen.

XIV

Gewinnen Sie die Mitarbeiter Ihrer Kollegen als Verbündete

Jeder Ihrer (gleichgestellten) Kolleginnen und Kollegen ist ein potentieller Konkurrent für Ihre nächste Position. Deshalb ist ein gutes Verhältnis zu deren Mitarbeitern für Sie von großer Bedeutung: Wenn seine Leute Sie unterstützen, dann können Sie selbst dann noch Ihren Job machen, wenn Ihr Kollege – ob mit oder ohne Absicht – Sie dabei behindert. Auch wenn Ihr Kollege schlecht von Ihnen spricht, erreicht er damit höchstens, daß seine eigenen Leute ihm mißtrauen, weil sie ganz anders über Sie denken. Spricht er positiv von Ihnen, werden sie zufrieden sein, weil sie schon lange der gleichen Ansicht sind.

XV

Merken Sie sich
alle Namen

Vielen Leuten kann man keine größere Freude machen, als wenn man sich an ihren Namen erinnert und ihn dann auch noch richtig ausspricht. Merken Sie sich den Namen jedes Mitarbeiters, und merken Sie sich auch, was er tut und wofür sein Job wichtig ist. Wenn Sie dieses Wissen immer parat haben und wenn Ihre Leute wissen, daß das so ist, dann ist der Erfolg Ihnen sicher.

Laden Sie zum Beispiel Ihre Besucher (Kunden, Bewerbern, Freunde) zu einem kleinen Rundgang durch die Abteilung oder den Betrieb ein. Stellen Sie dabei Ihre Mitarbeiter und Mitarbeiterinnen vor, und erläutern Sie Ihrem Besuch, was jeder von ihnen tut und inwiefern er für das Unternehmen wichtig ist.

Ihre Leute werden diese Anerkennung ihrer Person, ihrer Arbeit und ihrer Verantwortung sicher zu schätzen wissen.

XVI

Organisieren Sie
»Anerkennungstouren«

Bitten Sie von Zeit zu Zeit einen möglichst hochrangigen Vorgesetzten um einen Rundgang durch Ihre Abteilung. Bereiten Sie für jeden Mitarbeiter eine kleine Karteikarte vor, auf der kurz und knapp, in ein, zwei Zeilen, eine besondere Leistung oder Eigenschaft – sei es geschäftlicher oder privater Natur – dieses Mitarbeiters vermerkt ist. Mit diesen Karten als »Spickzettel« kann Ihr hoher Besuch jedem Ihrer Mitarbeiter ganz persönlich seinen Dank und seine Anerkennung aussprechen.

So ein Rundgang ist für alle ein Gewinn. Ihr Besucher wird die positive Reaktion Ihrer Leute genießen und gleichzeitig wieder über Ihre Abteilung auf dem laufenden sein. Ihr Team wird das Lob genießen und um so motivierter arbeiten. Und Sie selbst werden am allerbesten dastehen, denn die Summe dieser positiven Erfahrungen geht ganz allein auf Ihr Konto.

Verraten Sie niemandem aus Ihrem Unternehmen, daß Sie so etwas machen.

Tun Sie immer mehr als der Durchschnitt

Ted Williams und Joe DiMaggio sind zwei der größten Baseballspieler der Geschichte, und *jeder* der beiden hat immer mehr trainiert als der Rest ihrer Mannschaft zusammen. Alexander Graham Bell wiederum mußte weit über tausend Experimente durchführen, bis der Prototyp eines kommerziell verwertbaren Telefonapparats entwickelt war.

Der Vorsprung eines erfolgreichen Menschen vor dem Durchschnitt beträgt nur ein paar Zentimeter. Wer als Verkäufer ein Kundengespräch mehr führt, als Texter einen Entwurf mehr vorlegt, als Zimmermann einen Nagel mehr einschlägt oder als Marktforscher ein Interview mehr macht, der wird am Ende der Beste sein.

XVIII

Arbeiten Sie eine Stunde mehr

Wenn Sie in Ihrem Unternehmen die Nummer eins werden wollen, können Sie schon mal damit anfangen, immer als Erster am Arbeitsplatz zu sein. Wer (zu) spät zur Arbeit kommt, der arbeitet nicht gern... so denkt man zumindest im höheren Management. Wer ins Kino geht, kommt schließlich auch nicht jedesmal zehn Minuten zu spät. Und wer immer als Erster da ist, der ist auch psychologisch im Vorteil.

Bleiben Sie also nicht jeden Abend bis um zehn im Büro, sonst muß für andere der Eindruck entstehen, daß Sie entweder zu langsam sind oder kein Privatleben haben. Bleiben Sie statt dessen nur eine Viertelstunde länger, und nutzen Sie die Zeit, um sich auf den nächsten Tag vorzubereiten oder Ihren Schreibtisch aufzuräumen. Damit bleiben Sie auf jeden Fall länger als der Großteil der Beschäftigten, und Ihr Ruf als jemand, der viel und hart arbeitet, bleibt unangetastet.

Im Business kommt es ohnehin oft genug vor,

daß man aufgrund von Flugplänen, Konferenzen, Jahresabschlüssen oder ähnlichem erst spät in der Nacht nach Hause kommt. Widmen Sie Ihre Abendstunden lieber sooft wie möglich der Familie.

Wenn Sie eine Dreiviertelstunde früher kommen und eine Viertelstunde später gehen, macht das eine Stunde pro Tag aus und damit zweihundertfünfzig Stunden pro Jahr oder einunddreißig Tage. Mit einem Monat mehr Arbeit pro Jahr können Sie sich einen ganz schönen Vorsprung verschaffen.

XIX

Nehmen Sie keine Arbeit
mit nach Hause

Nutzen Sie Ihre Freizeit, um sich um Ihre Familie zu kümmern, sich weiterzubilden, Pläne zu schmieden und Ihre Hobbys zu pflegen oder mit Ihren Kindern Fußball zu spielen. Wenn Sie dauernd Arbeit mit nach Hause nehmen, dann sind Sie

a) schlecht organisiert,
b) langweilig,
c) ein Verschwender Ihrer kostbaren Freizeit, und
d) das alles auf einmal.

Eine sehr engagierte und erfolgreiche Werbemanagerin brachte jeden Abend stapelweise Arbeit mit nach Hause. Als ihre Tochter, die noch zur Grundschule ging, sah, wie viele Überstunden ihre Mutter glaubte machen zu müssen, fragte sie sie einmal ganz unschuldig: »Vielleicht gehörst du einfach in eine andere Klasse, wenn du so viel nachsitzen mußt, Mama?«

Für Führungskräfte gehört es zwar zum guten Ton, ständig Arbeit mit nach Hause zu nehmen, aber im Grunde kann man zu Hause – bis auf das Lesen von ein paar nebensächlichen Memos und alten Geschichten (sprich Monatsberichten) – doch kaum etwas erledigen. Außerdem könnten Ihre Vorgesetzten bemerken, daß Sie keine Arbeit mit nach Hause nehmen (obwohl Sie Ihre Aktentasche natürlich immer dabeihaben), und dann auf den Gedanken kommen, Ihnen mehr Projekte und Verantwortung zu übertragen. Und das wäre doch auch gut so.

XX

Empfangen Sie die
»höheren Weihen«

Jedes Unternehmen hat an seiner Spitze eine *cosa nostra*, einen kleinen Kreis von Auserwählten. Diese Gruppe hat die ultimative Entscheidungsgewalt darüber, wer der Boß wird und für wie lange. In diese Clique muß man eingeladen werden. Den Zugang zu ihr kann man sich nicht einfach erarbeiten oder durch hervorragende Leistung verdienen. Dazu gehört mehr als nur Talent. Dazu muß man die gleichen »Weihen« empfangen haben wie diejenigen, die zur Führung gehören.

Diese »Weihen« sind nicht überall die gleichen. In manchen Unternehmen waren alle Topleute zu Beginn ihrer Karriere im Verkauf oder in einer anderen speziellen Abteilung tätig. In anderen Unternehmen wiederum sind sie vielleicht alle »von Anfang an« dabeigewesen oder gehören sämtlich der Gründerfamilie, dem jüdischen Glauben oder der Bostoner Upper-Class an.

Finden Sie heraus, wer zu diesem engeren Kreis gehört und warum. Welche Kriterien muß man erfüllen? Wenn Sie diese Kriterien auf keinen Fall erfüllen können, dann prüfen Sie nach, ob auch Außenseiter ausnahmsweise akzeptiert werden (was oft der Fall ist). Wenn Sie absolut keine Möglichkeit sehen, in diesen Kreis aufgenommen zu werden, dann wechseln Sie zu einem Unternehmen, wo es besser für Sie aussieht.

Wenn alle Spitzenleute Ihres Unternehmens aus der Kreditabteilung kommen, dann sorgen Sie dafür, daß auch Sie eine Zeitlang Kredite bearbeiten. Wenn alle in der Chefetage Ingenieure sind, dann sollten auch Sie Ingenieur sein. Wenn die Topleute sämtlich als Verkäufer angefangen haben, dann gehen Sie in den Verkauf.

Sie können natürlich auch ohne Einladung der Boß eines Unternehmens werden, aber Sie werden es nicht lange bleiben. In drei bis fünf Jahren sind Sie wieder draußen, sei es auf Veranlassung eines einflußreichen Managers, eines wichtigen Aktionärs oder auch der Führungsclique im Aufsichtsrat.

XXI

Reisen Sie nicht
mit Vorgesetzten

Viele Mitarbeiter eines Unternehmens brennen förmlich darauf, mit einem ihrer Topleute zu reisen. Sie glauben, daß es ihrer Karriere förderlich ist, wenn sie den Vorstandsvorsitzenden, den Geschäftsführer oder sonstjemand mit Berichten über ihre letzten Projekterfolge beglücken und ihm klarmachen, was für clevere Typen sie sind.

Tun Sie das nicht. Ein guter Topmanager beurteilt nach Ergebnissen, nicht nach schlauem Gerede. Ein guter Topmanager hat außerdem noch viel zu tun, und wenn Sie nicht gerade an einem seiner Projekte mitarbeiten, werden Sie ihm spätestens nach zehn Minuten ziemlich auf die Nerven gehen.

Nutzen Sie Ihre Zeit lieber zum Arbeiten. Flugzeit ist Arbeitszeit, und darum fliegen Sie besser allein. Wenn Sie nämlich neben einem der Spitzenleute Ihres Unternehmens sitzen und die ganze Zeit arbeiten (wie Sie das tun sollten), dann könnte er womöglich denken, daß Sie nur Eindruck schinden wollen. Noch schlimmer wäre es, wenn er einfach nur ein Nickerchen halten oder eine Zeitschrift lesen will, denn angesichts Ihres Arbeitseifers könnte er sich dabei unbehaglich fühlen. Wenn Sie also schon im gleichen Flieger unterwegs sind, dann sorgen Sie dafür, daß Sie möglichst weit weg sitzen.

Ihre Zeit im Hotel ist übrigens auch Arbeitszeit, deshalb sollten Sie auch hier Ihren Vorgesetzten lieber aus dem Weg gehen. Andernfalls wird man Sie entweder pflichtgemäß zum Abendessen einladen und Sie können nicht arbeiten, oder man wird es unterlassen und Sie sind gekränkt. So oder so verschwenden Sie wertvolle Arbeitszeit.

XXII

Essen Sie im Hotel auf dem Zimmer

Da Sie also möglichst allein reisen sollten und Ihr Arbeitstag in der Regel für Kunden oder sonstige geschäftliche Angelegenheiten verplant ist, versuchen Sie wenigstens, sich die Abende freizuhalten. (Wenn Sie trotzdem abends zu einem Geschäftsessen müssen, dann sollten Sie es auch wirklich für Geschäfte nutzen. Setzen Sie sich ein Ziel für den Abend, und sehen Sie zu, daß Sie es erreichen.)

Nutzen Sie die Abende, die Sie nicht zu Hause, mit der Familie oder mit Freunden verbringen können, um zu arbeiten. Lassen Sie sich das Essen auf dem Zimmer servieren. Und tun Sie was. Schließen Sie Berichte ab. Lesen Sie Forschungsmaterial. Schreiben Sie Memos. Machen Sie Ihre Spesenabrechnung.

Mit einem Abendessen auf dem Zimmer sparen Sie Zeit und Geld. Außerdem stärken Sie Ihre Individualität. Sie verlängern Ihren Arbeitstag und erweitern Ihren Arbeitsbereich. Breiten Sie Ihre Projekte aus, lassen Sie den Fernseher nebenher laufen, ordern Sie eine schöne Flasche Cabernet Sauvignon, und tun Sie Ihre Arbeit.

Auch das Frühstück sollten Sie sich zu einer vereinbarten Zeit auf Ihr Zimmer bringen lassen. Stehen Sie zeitig auf, machen Sie Ihren Frühsport, ziehen Sie sich an, und legen Sie los. Verschwenden Sie keine Zeit damit, mit hundert anderen Geschäftsleuten am Frühstücksbüffet Schlange zu stehen. Lesen Sie auch keine regionale Tageszeitung. Legen Sie Ihre Pläne, Termine und Zielsetzungen für den Tag fest. Schreiben Sie Ihre E-Mails. Machen Sie Ihre Arbeit.

Auch bei geschäftlichen Verabredungen zum Frühstück (und solche Treffen sind oft sehr effektiv) sollten Sie sich eine Tagesordnung und ein Ziel überlegen. Und beides dann auch umsetzen.

XXIII

Arbeiten Sie im Flieger, statt Krimis zu lesen

Flugreisen können ziemlich anstrengend sein. Man sitzt beengt, wird ständig gestört, und alles ist ziemlich hektisch. Anrufe dagegen sind im Flugzeug eher selten. Zumindest damit fällt Ihnen keiner auf die Nerven.

Nehmen Sie nur soviel Arbeit mit, wie Sie während der Flugzeit auch schaffen können, und nur solche Aufgaben, die man im Flieger gut erledigen kann. Was Sie immer dabeihaben sollten, sind ein kleiner Hefter und ein großer frankierter Umschlag zur Rücksendung ins Büro sowie mehrere Umschläge und Briefmarken für Ihre Antwortschreiben. Nehmen Sie sich für jede Reise ein bestimmtes Arbeitsziel vor.

XXIV

Pflegen Sie Ihre Kontakte

Besorgen Sie sich ein gutes, großes Adreßbuch oder ein Notebook, und sammeln Sie vom ersten Tag Ihres Berufslebens an die Adressen aller Leute, die Sie kennenlernen, sei es geschäftlich oder auch privat. Notieren Sie sich immer auch den Beruf der Leute, ob sie nun als »head hunter«, als Leiter der Produktabteilung, als Zulieferer für Druckereibedarf oder als freiberufliche Schriftstellerin tätig sind. Tragen Sie alles nur mit Bleistift ein, denn Jobs und Telefonnummern können sich ständig ändern.

Lassen Sie allen, die Sie nicht so oft sehen, ab und zu einen kleinen Gruß zukommen – alten Schulfreunden, ehemaligen Kollegen und so weiter. Bitten Sie jeden um seine Visitenkarte, dann wird man Sie auch um Ihre bitten, und schon stehen auch Sie im Adreßbuch der anderen. Bewahren Sie eine Kopie Ihrer Adressenliste an einem sicheren Ort auf. Nutzen Sie diese Kontakte während Ihres ganzen Berufslebens.

Auf diese Weise bauen Sie sich ein ganz persönliches Netzwerk auf, das Ihnen so schnell keiner nachmacht. Investieren Sie in Menschen (vgl. Kap. XXXVIII).

XXV

Schreiben Sie oft
mit der Hand

Unpersönliche Kommunikationsformen setzen sich immer mehr durch. Es gibt Fax und E-Mail, Junk-Mail, Voice-Mail, Spracherkennungssysteme, Pager und Beeper, sprechende Autotüren, digitalisierte Weckanrufe und was noch alles. Sogar Grußkarten werden mittlerweile schon vorgedruckt. Kein Mensch dichtet den Spruch für die Valentinskarte noch selbst.

Handschriftliches fällt daher positiv auf. Es ist das Digitalis in unserer digitalisierten Welt. Es wirkt stilvoll und kultiviert und hebt Sie von der Masse ab. Handgeschriebenes ist persönlich. Es erinnert an die gute alte Zeit und kommt nie aus der Mode.

Gelegenheiten für Handgeschriebenes gibt es mehr als genug: ein Dankeschön, ein Lob, ein Glückwunsch oder eine Beileidsbekundung. Sie können aber auch einfach ein »Zu Ihrer Information« verschicken oder ein »Vielleicht interessiert es Sie, daß . . .«, ein »Ihre Präsentation war hervorragend« oder »Ihr Cassoulet war einfach köstlich«.

Gehen Sie in einen guten Schreibwarenladen. Bestellen Sie Briefkarten und Umschläge von besonders guter Qualität. Lassen Sie die Karten mit Ihrem Namen und die Umschläge mit Ihrer Anschrift bedrucken. Deponieren Sie einen Vorrat im Schreibtisch, und tragen Sie immer ein paar in Ihrer Aktentasche bei sich.

Verschicken Sie jede Woche eine Grußkarte ... das wäre schon einmal ein Anfang.

XXVI

Ihr Chef ist nicht
Ihr bester Freund

Ihre Vorgesetzten sind Ihre Geschäftspartner. Sie sind nicht Ihre Freunde. Zwischen Ihnen gibt es eine notwendige Grenze, die weder Sie noch Ihre Vorgesetzten überschreiten sollten. Viele Ihrer Kollegen halten es für einen geschickten Schachzug, sich mit Führungskräften anzufreunden, und lassen dabei nichts unversucht: Sie laufen ihnen ganz zufällig über den Weg, sie gehen auf die gleichen Partys, sie werden Mitglied in den gleichen Clubs und so weiter.

Das ist keine Basis für eine erfolgreiche Karriere. Das ist höchstens ein Zeichen für mangelndes Talent. Und außerdem fällt kein Mensch darauf rein.

Lernen Sie Ihren Chef und seine Chefs sehr genau kennen. Machen Sie sich mit all ihren Problemen, ihren Plänen, ihren persönlichen Eigenarten, ihren Stärken und Schwächen vertraut. Bieten Sie ihnen in jeder Angelegenheit Ihre Hilfe an, ob geschäftlich oder privat. Aber respektieren Sie die Grenze zur Freundschaft. Freunde können Sie später noch werden, wenn Sie einmal nicht mehr im gleichen Unternehmen arbeiten.

All das gilt natürlich auch für Ihre eigenen Mitarbeiter.

XXVII

Keine Leichen im Keller!

Wirklich große Probleme lassen sich nicht vertuschen. Tut man es doch, und sei es auch nur unabsichtlich, sind die Folgen nur um so schlimmer. Wer Schwierigkeiten vertuschen will, hat immer das Nachsehen, egal, ob er tatsächlich mitschuldig ist oder nicht. Wer aber Schwierigkeiten aufdeckt, ist immer auf der sicheren Seite, und auch hier ist es egal, ob er Mitschuld trägt oder nicht. Wenn Sie also irgendwo Probleme entdecken, ob nun ein totales Chaos oder bloß ein kleiner »Schnitzer«, dann sollten Sie umgehend Vorgesetzte und Kollegen informieren. Je länger Sie damit warten, desto ernster wird die Lage.

Jedes ungelöste Problem bietet immer auch die Chance, sich ins rechte Licht zu setzen. Liefern Sie eine nüchterne Problemanalyse. Wagen Sie eine vorsichtige Prognose über das mögliche Ausmaß des Schadens. Spielen Sie verschiedene Szenarien durch. Nennen Sie mehrere Optionen zur Lösung des Problems. Und bitten Sie um Unterstützung.

Das ist ganz wichtig. Wichtig ist auch, daß Sie immer die Position eines unabhängigen Berichterstatters wahren und den Überblick behalten. Analysieren und behandeln Sie den Sachverhalt, als seien Sie selbst gar nicht involviert. Lösen Sie sich aus persönlichen Verstrickungen.

Watergate, Vietnam oder überraschende Konkurse sind klassische Fälle solcher »Leichen im Keller«. Statt offen und überlegt mit den Schwierigkeiten umzugehen, versuchte man, sie zu vertuschen, was erst recht verheerende Folgen hatte. Die panischen Verschleierungsversuche ließen jede dieser »Leichen im Keller« zu nur noch größeren Katastrophen anwachsen. Die Krisenmanager verhielten sich wie Kinder, die ihre Sandburgen vor der Flut retten wollen. Ganz anders dagegen Präsident John F. Kennedy nach dem Debakel in der Schweinebucht: Er kam jeder Kritik einfach selbst zuvor, und das öffentlich im Fernsehen, indem er zugab: »Ich habe einen Fehler gemacht, wir haben es vermasselt. Sonst noch Fragen?« Kennedy ging ungeschoren, ja sogar gestärkt aus der Affäre hervor.

XXVIII

Es gibt nichts Gutes,
außer man tut es

Machen Sie Ihr Unternehmen aktiv auf sich aufmerksam. Arbeiten Sie zum Beispiel an besonders exponierten Projekten oder an den Lieblingsprojekten des höheren Managements mit. Finden Sie heraus, welches die zentralen Probleme sind, und denken Sie darüber nach. Überlegen Sie mögliche Lösungen, und prüfen Sie sie gründlich. Bringen Sie Ihre Ideen zu Papier, und sorgen Sie dafür, daß alle von Ihren Vorschlägen erfahren.

Reden Sie nicht darüber, wie gut Sie sind. Beweisen Sie es lieber durch das, was Sie tun, immer und immer wieder. Denken Sie daran: Es gibt nichts Gutes, außer man tut es.

Ted Levitt von der Harvard Business School hat einmal geschrieben, daß »Kreativität ohne ihre Umsetzung keine Kreativität ist, sondern Verantwortungslosigkeit«. Ideen, die nicht umgesetzt werden, sind wertlos.

Da sich aber nur wenige Beschäftigte eines Unternehmens an die Umsetzung von Ideen heranwagen, muß jeder, der es tut, sofort auffallen, und häufig erhält er die Chance, noch mehr in der Richtung zu unternehmen.

Suchen Sie gezielt nach Gelegenheiten, sich im besten Licht zu zeigen. Eine Präsentation vor dem höheren Management, die Leitung eines Seminars oder eine Rede vor dem Verkaufspersonal bieten sich dafür besonders an. Ergreifen Sie Ihre Chance, und setzen Sie alles daran, eine glänzende Präsentation abzuliefern.

XXIX

Machen Sie
regelmäßig Urlaub

Wer als Führungskraft lauthals verkündet, niemals Urlaub zu machen, ist entweder ein Dummkopf oder ein schlechter Manager. Als guter Manager sollten Sie in der Lage sein, Ihren Aufgabenbereich, Ihre Abteilung oder Ihren speziellen Auftrag so zu organisieren, daß auch während Ihrer Abwesenheit alles reibungslos funktioniert. Andernfalls dürften Sie ja nicht einmal auf Geschäftsreise gehen.

Urlaub kommt übrigens nicht nur Ihnen, sondern auch Ihrer Karriere zugute, und zwar aus folgenden Gründen:

Wenn Sie an die richtigen Orte fahren, haben Sie gute Chancen, auch die richtigen Leute zu treffen, die Ihrer Laufbahn zugute kommen können. Außerdem haben Sie im Urlaub Gelegenheit zu beobachten, wie man anderswo Geschäfte macht und welche neuen Trends und Moden es gibt. Sie können andere Kulturen kennenlernen und im wahrsten Sinne des Wortes Ihren Horizont erweitern. Urlaub ist auch eine Zeit, um ein Buch zu schreiben, sich als Hobbyphotograph zu betätigen oder in der Toskana die unterschiedlichsten Risottos zu testen. Oder nachzudenken und Pläne zu schmieden. Und nicht zuletzt zwingt ein fest geplanter Urlaub Sie dazu, vorher noch eine Menge Arbeit vom Tisch zu schaffen.

Planen Sie Ihren Urlaub also immer schon weit im voraus. Legen Sie Ihren Winterurlaub ein Jahr vorher fest. Setzen Sie Ihre Vorgesetzten frühzeitig davon in Kenntnis. Und sagen Sie Ihren Urlaub auf keinen Fall ab. Hinterlassen Sie auch niemals eine Telefonnummer. Fahren Sie nicht immer an den gleichen Ort. Machen Sie ruhig mal Experimente. Aber fahren sollten Sie auf jeden Fall.

XXX

Schlagen Sie Ihren
Vorgesetzten keine Bitte ab

In den Büchern über Zeitmanagement steht natürlich etwas ganz anderes. Dort lesen Sie, daß man die Kontrolle über die Zeit verliert, wenn man immer nur »ja« sagt. Sagen Sie aber trotzdem immer so etwas wie »Das kann ich machen«, wenn einer der Topleute Sie fragt. Selbst wenn er Sie darum bittet, die Pflanzen im Foyer zu gießen – tun Sie's.

Hören Sie sich die Bitte vor allem ganz genau an. Vielleicht schlägt dieser Topmanager Ihnen gerade eine Lösung vor, ohne das eigentliche Problem benannt zu haben. Trotzdem geht es ihm natürlich um genau dieses Problem. Überprüfen Sie, ob seine Lösung wirklich den Erfordernissen der Situation entspricht. Sollte das nicht der Fall sein, müssen Sie eine andere Lösung finden, mit der das wirkliche Problem aus der Welt geschafft werden kann.

Egal, wie der Auftrag an Sie lautet, erledigen Sie ihn immer früher als erwartet, besser als erwartet und mit all Ihrer persönlichen Kreativität.

Nur wer es schafft, eine Sache wirklich gut zu erledigen, der kommt auch an die Spitze.

XXXI

Kein Chef liebt
Überraschungen

Ersparen Sie Ihrem Chef Überraschungen. Das
Geschäftsleben hält auch so schon so viele Über-
raschungsmomente in Form von Mitarbeitern,
Vorgesetzten und Konkurrenten bereit, daß er von
Ihrer Seite keine mehr gebrauchen kann – weder
angenehme noch unangenehme. Im Gegenteil, Ihr
Chef sollte immer über alles genau informiert sein,
denn auch er muß wiederum seinen Chef über den
Stand der Projekte, die jüngsten Fortschritte in
einer Krise oder was auch immer auf dem laufenden
halten. Kein Chef will schließlich den Eindruck
erwecken, er hätte keine Ahnung und die Dinge
wüchsen ihm über den Kopf. Es wäre also nicht nur
Ihrem Chef, sondern auch dem ganzen Unternehmen gegenüber unhöflich, wenn Sie ihn im dun-
keln lassen.

Wenn Sie Ihrem Chef laufend Überraschungen
bereiten, dann werden Sie sein Vertrauen verlieren.
Und darauf sind Sie angewiesen, denn ganz gleich,
ob er gut oder schlecht ist, er ist nun mal Ihr Chef

und hat in dieser Funktion einfach den größten Einfluß auf Ihre Karriere, zumindest wenn Sie noch am Anfang stehen.

Außerdem weiß Ihr Chef über diejenigen Belange des Unternehmens, von denen Sie nicht direkt betroffen sind, meist besser Bescheid als Sie. Eine Überraschung von Ihrer Seite, und sei sie noch so gut gemeint, kann bei einer Verkettung unglücklicher Umstände geradezu katastrophale Folgen haben.

Versetzen Sie sich in die Lage Ihres Chefs: Keine Überraschungen.

XXXII

Ihr Chef soll gut dastehen – und der Chef Ihres Chefs noch besser

Wer auf der Karriereleiter nach oben will, muß in der Regel erst einmal warten, bis da oben ein Platz frei wird. Ihre größte Chance liegt also darin, die Nachfolgerin Ihres Chefs zu werden. Ihr Chef kann aber nur befördert werden, wenn es auch jemanden gibt, der ihn ersetzen kann. Wenn Sie dafür sorgen, daß Ihr Chef gut dasteht, fördern Sie damit seine Beförderungschancen. Außerdem wird er Sie gern in seiner Nähe behalten wollen. Und schon steigen auch Ihre Chancen.

Ihr Chef kann Sie aber nur mit Zustimmung seiner Vorgesetzten befördern. Wenn Sie also dafür gesorgt haben, daß der Chef Ihres Chefs noch besser dasteht, dann steigen Ihre Chancen noch einmal gewaltig an. Der Chef Ihres Chefs hat für Sie immer die Schlüsselposition. Oft zeigt er größeres Interesse an Ihrer Laufbahn und hat auch größeren Einfluß auf diese als Ihr unmittelbarer Vorgesetzter. Und diese Tatsache gewinnt um so mehr an Bedeutung, wenn Ihr Chef vielleicht nirgendwohin aufsteigt.

Wie können Sie also dafür sorgen, daß Ihre Chefs gut dastehen? Indem Sie Schwierigkeiten und Schwachpunkte frühzeitig erkennen. Indem Sie all die Überstunden machen, die nötig sind, um adäquate Lösungen zu finden. Indem Sie Ihre Chefs immer auf dem laufenden halten. Indem Sie Ihre Aufgaben immer schon vor dem vereinbarten Termin erledigen. Indem Sie immer ein bißchen mehr tun als unbedingt nötig. Und indem Sie sich in die Lage Ihrer Chefs versetzen. Denken und handeln Sie so, als säßen Sie an ihrer Stelle. Lassen Sie Ihre Chefs keine Fehler machen.

XXXIII

Lassen Sie einen guten Chef
keine Fehler machen

Das Beste, was Ihnen während Ihrer Karriere passieren kann, ist ein guter Chef. Ein guter Chef wird Sie darauf vorbereiten, seinen Platz einzunehmen, damit auch Sie, wenn er schließlich befördert wird, die Chance zum Aufstieg haben.

Lassen Sie nicht zu, daß ein guter Chef einen Fehler macht, der seine Aufstiegschancen verringert, denn damit verringern Sie auch immer Ihre eigenen Chancen. Genausowenig darf er einen Fehler machen, der das Unternehmen schädigt, denn je besser ein Unternehmen floriert, desto mehr Geld ist auch für die Prämien da.

Wenn Ihr Chef zusätzliche Daten für eine Entscheidung braucht, dann besorgen Sie sie. Wenn Ihr Chef auf ein Meeting schlecht vorbereitet ist, dann geben Sie ihm ein Briefing mit den wichtigsten Punkten. Und sollte eine seiner Präsentationen nicht so toll sein, dann peppen Sie sie auf.

Bringen Sie einen Fehler aber nie direkt mit dem Chef in Verbindung. Sagen Sie also nicht: »*Sie* machen da einen Fehler« oder »*Ihr* Bericht hat einen großen Haken«, sondern formulieren Sie es lieber so: »Mit *diesem* Budget könnte es Probleme geben. Ich fürchte, *wir* haben die Kosten zu niedrig veranschlagt. Wenn *wir* statt acht Dollar zehn Dollar pro Stunde ansetzen, kommen *wir* der Sache sicherlich näher.«

Und vor allem: Bitten Sie jeden Ihrer Mitarbeiter, innerhalb wie außerhalb des Unternehmens, Sie auf Ihre Fehler aufmerksam zu machen. Und lassen Sie Ihren Chef wissen, daß das Ihre Maxime ist.

XXXIV

Legen Sie einmal im Monat einen Bibliothekstag ein

Gehen Sie alle drei bis vier Wochen an einem Ihrer Arbeitstage nicht ins Büro, sondern in die nächstgelegene Stadt- oder Universitätsbibliothek. Sichern Sie sich einen großen Schreibtisch, und organisieren Sie Ihre nächsten Projekte. Schaffen Sie sich all die lästigen Details vom Hals. Erledigen Sie Ihren Verwaltungskram.* Zerlegen Sie große Projekte in bekömmliche Häppchen. Bringen Sie Ihre Adressenkartei auf den neuesten Stand. Überarbeiten Sie Ihr Ideenbuch. Schreiben Sie Ihre Memos, Kundenbriefe und Danksagungen.

Mit einem ungestörten Arbeitstag in einer ruhigen Bibliothek schaffen Sie zehnmal mehr Arbeit vom Tisch als bei gleicher Stundenzahl im Büro. Mit dem Gefühl, so viel geschafft und aufgeholt zu haben, stärken Sie Ihr Selbstbewußtsein und motivieren sich dazu, auch im Büroalltag wieder hart zu arbeiten.

---

* Verwaltungskram meint all diese ermüdenden, aber unerläßlichen Büroarbeiten wie Papierkram erledigen, Spesenabrechnungen schreiben und Berichte lesen.

XXXV

Hören Sie niemals auf zu lernen

Zu den Qualifikationen eines Bosses gehören auch eine gute Allgemeinbildung, Belesenheit und vielfältige Interessen. Ein Boß muß die Fähigkeit besitzen, überall, in fremden Kulturen, in der Natur, in der Musik, in der Bauweise der Biber oder wo auch immer, innovative Ansätze und Problemlösungen zu entdecken. Und er braucht Disziplin und Konzentrationsfähigkeit.

Jede Facette, mit der Sie Ihr Leben dauerhaft bereichern, kann Ihnen gleichzeitig auch als Vorbereitung auf die Unternehmensführung dienen. Lernen Sie Fremdsprachen, chinesisch kochen oder fotografieren. Schreiben Sie ein Buch, züchten Sie Orchideen oder Kanarienvögel. Üben Sie »Blueberry Hill« auf dem Klavier.

Schreiben Sie sich all die Dinge auf, die Sie in den nächsten zehn Jahren gern machen würden. Lassen Sie nichts aus. Wenn Sie sagen, Sie wären schon zu alt, um Tennis zu lernen, dann geben Sie damit zu verstehen, daß Sie nicht mehr wachsen können. Wer aber nicht mehr wachsen kann, kann auch nicht mehr expandieren und daher auch kein Unternehmen leiten. Und wenn Sie sagen, Sie hätten keine Zeit, wie wollen Sie dann jemals die Zeit aufbringen, größere Aufgaben mit der doppelten Verantwortung zu übernehmen?

Zeigen Sie, daß Sie noch wachsen können.

XXXVI

Lesen Sie diese Bücher

Obvious Adams von Robert Updegraff
Acres of Diamonds von Russell Conwell
Die Bibel
Die Kunst des Krieges von Sun Tzu
Das Buch der fünf Ringe von Miyamoto Musashi
Vom Kriege von Carl von Clausewitz
Der Fürst von Niccolò Machiavelli
Büchmanns Geflügelte Worte
Wahrigs Deutsches Wörterbuch
Malcolm Forbes Management-Bibel
Shakespeares Sämtliche Werke
Ogilvy über Werbung von David Ogilvy
Fiesta von Ernest Hemingway
Stil verbessern ... locker von Michael Striewe
Die Abenteuer des Huckleberry Finn
von Mark Twain
Alles von Thomas Jefferson

XXXVII

Kleider machen Leute

Als ein junger Studentenvertreter einmal die strenge Kleiderordnung beim Abschlußball ändern wollte, widersprach ihm der Rektor der Hochschule mit den klugen Worten: »Wer Sport machen will, zieht Sportkleidung an, und wer tanzen will, zieht Tanzkleidung an.« Und das gleiche gilt auch im Business: Wer Geschäfte machen will, der soll sich auch so anziehen.

Natürlich spiegeln sich die unterschiedlichen Kulturen eines Landes, eines Unternehmens oder einer Branche oft auch in der Kleiderordnung wider. Das ist auch gut so, und Sie sollten über jede Kultur auf dem laufenden sein. In Puerto Rico zum Beispiel oder auf Hawaii schließt man Geschäfte häufig auch in sehr lässiger Kleidung ab. Im Außendienst tragen auch Manager manchmal Schutzhelm und Sicherheitsschuhe. Und Werksleiter tragen Labormäntel und Schutzbrillen. Aber das sind selbstverständlich Ausnahmen.

Sorgen Sie dafür, daß Ihr Auftreten jederzeit

dem Leiter eines Unternehmens würdig ist, und das schließt Ihre Kleidung mit ein. Das soll nicht heißen, daß Sie Unsummen für maßgeschneiderte Anzüge hinblättern oder eine wandelnde Schaufensterpuppe werden müssen. Besorgen Sie sich ein Buch über Businesskleidung, zum Beispiel *Dress for Success* von John T. Molloy oder *New Women's Dress for Success* vom selben Autor, und informieren Sie sich, wie erfolgreiche Menschen sich kleiden.

XXXVIII

Menschen sind die beste Investition

Holen Sie sich die besten Leute ins Unternehmen. Machen Sie Ihr Unternehmen zu einem Anziehungspunkt für die Besten. Bilden Sie nur die Besten aus, und bezahlen Sie sie großzügig.

Wer als Unternehmer Geld sparen will, indem er nur Leute einstellt, die er sich »leisten« kann, wird ins Mittelmaß abrutschen ... wenn er nicht schon dazu gehört. Dabei ist es bekanntermaßen für ein Unternehmen viel rentabler, einen einzigen Topmitarbeiter einzustellen, der 140 000 DM p.a. bekommt, als zwei mittelmäßige Leute für je 70 000 DM.

Auch die Investition in »emotionaler Währung« sollte man nicht vergessen. Setzen Sie Vertrauen in Ihre guten Leute, und gewähren Sie Ihnen großzügig Anerkennung, Unabhängigkeit, Freiheit und Beistand.

Wer ein Unternehmen leitet, der weiß, daß nur Menschen etwas bewegen können. Diese fundamentale Wahrheit sollte man nie aus dem Blick verlieren. Ohne seine Armee ist ein General ein Nichts. Nur wenn Ihr Team Sie unterstützt, Ihnen vertraut, an Sie glaubt und Sie respektiert, wird es Sie auch ganz nach oben bringen. Ihre Mitarbeiter können Ihnen aber nur das zurückgeben, was sie von Ihnen auch bekommen. Sie wirken wie ein Spiegel: Wenn man ihnen vertraut, dann schenken auch sie Vertrauen, und wenn man sie respektiert, dann erntet man auch Respekt. Viele Führungskräfte scheitern daran, daß ihre Mitarbeiter ihre Unehrlichkeit, Falschheit, ihre Ängstlichkeit oder Unzuverlässigkeit durchschaut haben. Dabei könnten die meisten Mitarbeiter intellektuelle, körperliche oder sogar moralische Mängel ihres Chefs problemlos akzeptieren. Was sie aber nicht akzeptieren können, ist unsoziales Verhalten.

Setzen Sie für Ihre Mitarbeiter die drei »I« zum Maßstab:

I für Integrität. Oberste Priorität.
I für die »Ich-mach'-das«-Haltung. Absolut entscheidend.
I für Intelligenz. Wenn jemand weiß, was er nicht weiß, und wenn er auch weiß, daß er ein bißchen mehr arbeiten muß als der Durchschnitt, dann ist er schon intelligent genug.

Haben Sie einen Vertreter dieser seltenen Spezies gefunden, dann bezahlen Sie ihn großzügig. Investieren Sie eine Menge in ihn. Ihr Vertrauen wird sich lohnen.

Die Leute sind ja nicht blöd. Sie gehen nicht in die Wirtschaft, um Verluste, Fehler und sich Feinde zu machen. Alles, was sie brauchen, ist ein kleiner, weise gewährter Vertrauensvorschuß.

XXXIX

Zahlen Sie Ihren Leuten lieber zuviel als zuwenig

Die meisten Mitarbeiter wissen ziemlich genau, was ihre Arbeit wert ist. Wenn Sie also jemanden, der 18 DM Stundenlohn verlangen könnte, nur 15 DM bezahlen, dann werden seine kleinen Sabotageakte Sie ein Vielfaches von dem kosten, was Sie eigentlich einsparen wollten. Ein ungerecht bezahlter Mitarbeiter wird immer einen Weg finden – sei es auf der menschlichen oder der finanziellen Ebene –, es Ihnen heimzuzahlen. Und er wird keine Überstunde und keinen Handschlag zuviel für Sie tun.

Wenn jemand 18 DM verdienen sollte, dann zahlen Sie ihm 24 DM. Sie werden dafür viel mehr Leistung erhalten, als die zusätzlichen 6 DM Sie gekostet haben, denn wer so gut bezahlt wird, wird alles tun, um Ihr Vertrauen zu rechtfertigen.

Wer als Manager nur kurzfristig denkt, kann das natürlich nicht verstehen. Schließlich müssen die Kosten gesenkt werden, und die Leute können froh sein, daß sie den Job überhaupt bekommen haben. Die sind doch sowieso alle ihr Geld nicht wert.

Einige Leute sind tatsächlich ihr Geld nicht wert, und die findet man auf allen Ebenen einer Organisation. Von solchen Leuten sollte man sich schnellstens trennen, damit sie nicht länger denen, die wirklich gut arbeiten, das Geld wegnehmen. Das Gehalt eines einzigen unfähigen Mitarbeiters kann auf viele gute Leute verteilt werden.

Mit einer Senkung der Gehaltskosten läßt sich kein Geld sparen. Menschen sind ein Aktivposten, eine sichere und lohnende Investition. Nur mit Menschen kann man Geld verdienen. Wenn Ihnen die Kapitalanlage bei einer Bank 20 % Zinsen bringen würde, würden Sie dann auch die Kosten senken, also weniger investieren? Natürlich nicht. Sie würden die Investition eher noch erhöhen.

Es lohnt sich viel eher, eine kleinere Anzahl sehr guter, hochbezahlter und hochmotivierter Leute einzustellen, als die gleichen Gehaltskosten auf eine größere Zahl von Mitarbeitern zu verteilen, die dann bei schlechter Bezahlung auch schlechtere Arbeit leisten.

XL

Stop – erst mal hinschauen und zuhören

Gute Manager denken erst nach. Sie schießen nicht gleich aus der Hüfte. Sie beobachten, wägen ab, überlegen und analysieren. Und sie hören zu. Sie denken erst nach, bevor sie etwas Falsches sagen, bevor sie eine Entscheidung treffen und bevor sie einen bösen Brief verschicken. Und schauen ganz genau hin und hören ganz genau zu.

Wer ein Unternehmen leiten will, muß die Kunst des Hinschauens und des Zuhörens beherrschen. Aber gerade das Zuhören fällt dynamischen, intelligenten Leuten besonders schwer.

Versuchen Sie trotzdem immer »auf Empfang« zu sein. Sie müssen vor allem das hören, was nicht gesagt wird, genau wie Sherlock Holmes, der »den Hund, der nicht bellte«, hören konnte. Sie müssen hören, was Augen, Hände und Stirnrunzeln zu sagen haben. Sie müssen hören, was Ihr Kunde, Ihr Nichtkunde, Ihr Vorgesetzter, Ihr Kollege, der Zulieferer, der Verkäufer, der Wettbewerber oder wer auch immer Ihnen sagen will.

Zuhören kann man lernen. Und man kann es üben. Wenn jemand mit Ihnen spricht, dann lassen Sie alles stehen und liegen und schauen Sie den Sprecher an. Hören Sie ihm zu. Wer zuhören kann, gilt als guter Unterhalter. Wer zuhören kann, gilt als klug und weise.

Also: Zuhören, zuhören, zuhören!

XLI

Ihr Unternehmen
ist immer das beste

Wenn Sie Geschäftsführerin eines Unternehmens werden wollen, müssen Sie sich mit diesem Unternehmen, seinen Produkten oder Dienstleistungen zu hundert Prozent identifizieren können. Sie müssen den Auftrag Ihres Unternehmens verstehen und vertreten. Sie müssen die Unternehmenskultur zunächst verkörpern und dann verbessern. Und das alles unermüdlich, rückhaltlos und öffentlich.

Nutzen Sie die Produkte Ihres Unternehmens, wenn möglich, auch selbst, und werben Sie immer und überall für deren Qualität.

Wenn Sie von dieser Qualität nicht wirklich überzeugt sind, sollten Sie das Unternehmen wechseln. Wenn Sie also an Zigaretten, Handfeuerwaffen, Champagner oder Joghurt nicht glauben können, dann sollten Sie für ein Unternehmen, das so etwas herstellt, auch nicht arbeiten.

Kaufen Sie Aktien Ihres Unternehmens, wenn das möglich ist.

Kaufen Sie nur dann Produkte Ihres Unternehmens, wenn es auch sinnvoll ist. Empfehlen Sie sie wärmstens Ihrer Familie, Freunden und Bekannten.

Machen Sie keine zynischen Bemerkungen über das eigene Unternehmen. Das tun höchstens Versager, nicht zukünftige Unternehmensleiter.

XLII

Stopfen Sie die »Datenlöcher«

Wenn im Business jemand »Ich denke«, »Wir glauben« oder »Meiner Ansicht nach« sagt, dann heißt das ganz einfach, daß er es nicht weiß. Analysieren Sie immer ganz genau, was Sie und Ihr Unternehmen nicht wissen. Denn das sind die »Datenlöcher«.

Lassen Sie sich von den klugen Reden all der Besserwisser im Unternehmen, die nie aus ihrem Büro herauskommen, nicht in die Irre führen. Machen Sie sich mit den Fakten vertraut. Sprechen Sie mit Kunden und Nutzern.

Wer weiß, daß er nicht alles wissen kann, aber bereit ist, alles dafür zu tun, daß die Daten auf den Tisch kommen, der wird am Ende erfolgreich sein.

XLIII

Machen Sie Ihre
Hausaufgaben – immer

Viele Geschäftsleute arbeiten eigentlich gar nicht so hart. Sie erwecken nur gezielt den Eindruck, ungeheuer beschäftigt zu sein, indem sie ständig durch die Gegend rennen und Hektik verbreiten. Sie sind ständig dabei, Berichte zu lesen, in Meetings zu sitzen, ellenlange Memos zu schreiben und Formulare auszufüllen, kurz: ihre Zeit zu verschwenden. So etwas nennt man auch das Schaukelstuhlsyndrom: viel Bewegung, aber keinen Schritt vorwärts.

Leute, die wirklich hart arbeiten, haben zwar den gleichen Zeitaufwand, aber sie nutzen die Zeit effektiver. Sie sind es, die die schwierigen Aufträge übernehmen. Sie machen ihre Hausaufgaben. Sie schaffen die Fakten ran. Sie entwickeln eine Strategie. Sie erarbeiten all die kniffligen Details der Umsetzung. Sie kennen sämtliche Grundlagen und prüfen alle Möglichkeiten. Vor allem aber denken sie nach und lassen nicht locker.

Wenn einer der »Schaukelstuhl«-Typen sich auf

eine Prüfung vorbereiten müßte, dann würde er acht Kapitel in sieben Stunden zehnmal durchlesen. Der Hausaufgabentyp dagegen würde die Kapitel gliedern, die Informationen herausfiltern und sich die acht Kapitel in sieben Stunden komplett eingeprägt haben.

Erfolg ist quasi vorprogrammiert. Wenn Sie Ihre Hausaufgaben machen.

XLIV

Nur keine Panik...
und keinen Wutausbruch!

*Nichts verschafft einem Menschen anderen
gegenüber einen größeren Vorteil als die Fähigkeit,
in jeder Situation ruhig und gelassen zu bleiben.*
– Thomas Jefferson –

Jähzorn, Hilflosigkeit, Kurzschlußhandlungen, Feigheit und mit dem Finger auf andere zeigen, all diese Reaktionen sind ein Ausdruck von Panik. Ein guter Unternehmensleiter gerät nicht in Panik. Und er schlägt auch nicht blind um sich. Wer sich selbst nicht unter Kontrolle hat, hat auch die Situation nicht im Griff.

Dazu ein Beispiel: In der Weinherstellung gelten die Wochen vor und nach der Lese als entscheidende Phase für die Güte des Weins. Die Trauben müssen mit größter Sorgfalt für die Kelterung ausgewählt werden. Fehler bzw. Fehleinschätzungen während dieser Phase können den ganzen Jahrgang und den Ruf des Herstellers verderben. Schlechte Preise und geringe Profite wären die Folge.

Vor einigen Jahren erhielt der Geschäftsführer eines bekannten Weinherstellers mitten in dieser Phase einen panischen Anruf seiner Manager. Der Kellermeister hatte gekündigt. Der Geschäftsführer erfaßte augenblicklich das Bedrohliche der Situation. Trotzdem bewahrte er die Ruhe, überlegte einen Moment und fragte dann: »Was würden Sie denn tun, wenn unser Kellermeister, statt zu kündigen, gestorben wäre?« Die Manager sagten, dann würden sie Herrn Soundso an seine Stelle setzten. »So sei es«, sagte der Direktor, und der neue Kellermeister führte die Winzertradition noch ganze fünfzehn Jahre lang fort.

Lassen Sie sich nicht aus der Ruhe bringen, auch nicht, wenn ein Kollege eine häßliche Bemerkung über Sie macht. Gehen Sie nicht darauf ein. Lachen Sie höchstens darüber. Ihre Förderer werden Ihnen Rückendeckung geben, und Ihre Gegner werden merken, daß man Sie nicht provozieren kann, daß Sie über diesen Dingen stehen. Werden Sie also nicht wütend. Wut wirkt immer abstoßend, selbst wenn sie berechtigt ist.

Geraten Sie niemals in Panik. Zwingen Sie sich zur Ruhe. Wenn Sie zehn Sekunden Zeit haben, eine Entscheidung zu fällen, dann denken Sie neun Sekunden lang nach.

XLV

Reden Sie kein Fachchinesisch

Kommunikation will gelernt sein. Sie müssen sich verständlich machen können. Nichts kostet im Business mehr Zeit und Geld als mangelhafte Kommunikation. Millionen von Mark werden jedes Jahr in der Werbung verpulvert. Millionen von Arbeitsstunden werden nutzlos verschwendet. Millionen von bedruckten Seiten werden nie gelesen.

Jede geschäftliche Mitteilung muß präzise, vollständig und eindeutig sein. Und jede Arbeitsanweisung, schriftlich wie mündlich, sollte genau auf den Punkt gebracht werden. Jede lange, ermüdende, blumige oder mit Fremdwörtern gespickte Mitteilung ist Verschwendung.

Wer eine Anweisung falsch verstanden hat, der kann sie auch nicht richtig ausführen. Nehmen Sie sich genügend Zeit, mit Ihren Leuten eine möglichst hundertprozentige Verständigung über das, was zu tun ist, herzustellen. Absurderweise dreht sich nämlich ein Großteil der Kommunikation in

Unternehmen um den Mangel an Kommunikation.

Gute Kommunikation ist harte Arbeit. Man muß für seine Zuhörer oder Leser sensibel sein, und man muß ein Menge Faktoren berücksichtigen: den Zeitrahmen, die Erwartungen des Publikums, seine Denkstrukturen, seinen Bildungsstand und seine Auffassungsgabe.

Halten Sie sich an folgende Richtlinien:

- Überlegen Sie ganz genau, ob Ihr Brief oder Memo tatsächlich notwendig ist.
- Legen Sie fest, was Sie mit Ihrer Mitteilung erreichen wollen.
- Wählen Sie eine möglichst einfache Ausdrucksweise.
- Machen Sie Ihre Hausaufgaben, besorgen Sie sich alle wichtigen Daten und Informationen.
- Sammeln Sie die zentralen Punkte Ihrer Mitteilung in Form eines »Scattergram«.*
- Strukturieren Sie diese Sammlung zu einem Text.

---

* Ein »Scattergram« ist eine vorläufige und stichpunktartige Sammlung all der Punkte, Ideen und Fakten, die in Ihrem Schreiben auftauchen sollen. Ordnen und strukturieren Sie noch nichts, ein »Scattergram« dient nur als Einstiegshilfe.

- Schreiben Sie einen Vor-Entwurf.*
- Schreiben Sie einen ersten Entwurf.
- Streichen Sie den Text für die Endfassung konsequent auf maximal eine Seite zusammen.
- Verwenden Sie nur Begriffe, die der Empfänger verstehen kann.

Als Faustregel gilt: Drei Stunden nachdenken und eine Stunde schreiben.

---

* Ein Vor-Entwurf ist nur der allererste Versuch, der noch mehrfach gekürzt und überarbeitet wird.

XLVI

Jeder Mensch ist etwas Besonderes

Menschen sind nicht bloß Menschen. Sie sind Individuen. Sie sind Mütter, Väter, Fußballtrainer, Sonntagsschullehrer oder Mitarbeiter der Patentabteilung, manche von ihnrn arbeiten für die Wohlfahrt oder sind Mitglied eines Fördervereins. Sie alle können eine Menge leisten, wenn ihre Arbeit gewürdigt wird, und sie können noch mehr leisten, wenn sie Dank und Ansporn erhalten.

Ein wirklich guter Manager gibt seinen Leuten das Gefühl,

daß sie gefragt und nicht getestet werden ...

daß sie eher zuviel als zuwenig verdienen ...

daß sie betreut und nicht bevormundet werden ...

daß sie Menschen sind und kein Personal ...

daß sie motiviert und nicht manipuliert werden ...

daß sie nützlich sind und nicht benutzt werden ...

daß sie arbeiten und nicht überarbeitet sind ...

daß sie Mitarbeiter sind und kein Kostenfaktor ...

kurz: daß man sie braucht und schätzt.

XLVII

Ehre, wem Ehre gebührt

Geben Sie jedem zu hundert Prozent die Anerkennung, die ihm für seine Arbeit zusteht. Wenn jeder Ihrer fünf Mitarbeiter hundert Prozent bekommt, dann macht das für Sie 500 Prozent. So funktioniert das nämlich.

Das ist so ähnlich wie beim Hausbau: Hundert Prozent für den Typen, der das Fundament legt, hundert für den Dachdecker, hundert für den Elektriker, und der Bauunternehmer bekommt die Summe der Teile.

Viele Manager halten nichts davon. Sie fürchten um ihr eigenes Ansehen, wenn ihre Leute zu gut dastehen. Oder sie sind der Meinung, auch ihnen stände ein Teil der Anerkennung zu, vor allem für das tolle Dach. Also erschleichen sie sich diese Anerkennung, indem sie jedem erzählen – ihrem Chef, ihren Kollegen und manchmal sogar dem, der die Arbeit tatsächlich gemacht hat –, sie hätten ja schließlich die Verantwortung getragen.

Diese »Abzocker«-Mentalität ist typisch für unsichere, unehrliche Menschen. Und sie kommt immer ans Licht. Auch der geschickteste »Abzokker« wird über kurz oder lang entlarvt. Zuerst kommen ihm meist seine engsten Mitarbeiter auf die Schliche. Und dann merkt es langsam aber sicher auch der Rest der Organisation.

Gönnen Sie jedem seine Anerkennung, dann gelten Sie als ein fairer Typ, als einer, der etwas bewegt und für den zu arbeiten sich lohnt. Ihre Leute werden sich viel mehr ins Zeug legen, wenn sie wissen, daß ihre Arbeit gewürdigt wird.

XLVIII

»Überraschungs«-Prämien
wirken Wunder

Wenn einer Ihrer Mitarbeiter besonders gute Arbeit geleistet hat, vor allem, wenn es etwas war, das eigentlich nicht in seinen Zuständigkeitsbereich gehört, dann sollten Sie ihn mit einer Prämie belohnen. (Warten Sie nicht darauf, daß die Prämienpolitik Ihres Unternehmens dafür sorgt. Das wird sie nämlich nicht. Wie die gesamte Unternehmenspolitik, so ist auch die Regelung für Zusatzvergütungen darauf ausgelegt, innovatives Potential eher zu unterdrücken, als zu fördern.)

Lassen Sie niemand wissen, nach welchen Kriterien Ihr Prämiensystem funktioniert. Lassen Sie nicht einmal durchblicken, daß Sie überhaupt ein System haben, sonst spricht sich das herum. Bleiben Sie unberechenbar. Gewähren Sie unterschiedliche Summen zu unterschiedlichen Gelegenheiten.

Jeder Ihrer Mitarbeiter wird wissen, daß für einen erstklassig erledigten Job auch ihm vielleicht eine Prämie winkt. Und er wird sich bemühen, seine Chancen darauf zu erhöhen.

XLIX

Bitte, gehen Sie mit jedermann höflich um

Achten Sie immer und überall auf gutes Benehmen. Seien Sie zuvorkommend. Und niemals herablassend. Oder anmaßend. Rauchen Sie nicht im Büro oder im Auto anderer Leute. Rauchen Sie auch nicht bei Sitzungen und Geschäftsessen. Fluchen Sie nicht. Verwenden Sie keine Kraftausdrücke. Legen Sie Ihre Füße nicht auf irgendwelche Büromöbel und Ihre Aktentasche nicht auf den Konferenztisch. Gehen Sie mit Ihrer Büroeinrichtung und mit der Ihres Kollegen, mit dem Auto eines Vertreters und überhaupt mit dem gesamten Eigentum Ihres Unternehmens genauso pfleglich um, wie mit Ihren eigenen Sachen.

Seien Sie immer pünktlich. Lassen Sie Vertreter oder Besucher nicht in der Lobby warten. Lassen Sie auch am Telefon niemanden warten. Respektieren Sie die Zeit anderer Leute . . . verschwenden Sie sie nicht. Verschwenden Sie erst recht nicht die Zeit Ihrer Mitarbeiter. Höflichkeit gehört zum guten Geschäftsgebaren.

Sprechen Sie immer langsam und deutlich, wenn Sie sich oder andere jemandem vorstellen. Vergessen Sie auch nicht, Ihre Mitarbeiter der Unternehmensleitung vorzustellen.

Und sagen Sie immer »Bitte« und »Danke«.

L

Zehn Sätze, über die sich jeder freut

Nur wer sich in seinem Job auch wohl fühlt, kann hundertprozentige Leistung erbringen. Wenn die Leute in Ihrer Umgebung sich wohl fühlen, profitieren auch Sie von ihrer höheren Leistungsfähigkeit. Und sie werden sich wohl fühlen, wenn man ihnen öfter mal etwas Nettes sagt. Aber es muß auch ernstgemeint sein. Die folgenden Sätze sind da bestens geeignet:

1. »Bitte.«
2. »Danke.« (Ein guter Manager hat jeden Tag mindestens zwanzigmal Anlaß, sich zu bedanken.)
3. »Sie erinnern sich doch sicher an Hartmut Kessler aus unserem Controlling.« (Wenn Sie einen Mitarbeiter einem Vorgesetzten vorstellen.)
4. »Das war hervorragende Arbeit.«
5. »Vielen Dank für Ihre Mühe.«
6. »Von Ihnen hört man nur Gutes.«
7. »Schön, daß Sie bei uns mitarbeiten.«

8. »Können Sie mir helfen?«
9. »Das haben Sie voll und ganz verdient.«
10. »Meinen Glückwunsch.«

LI

Ohne Fleiß kein Preis

Examensfeiern, Beförderungen, Diplome, Pokale und Urkunden oder ein Preis als bester Verkäufer des Jahres, all dies sind die schillernden Höhepunkte des Berufslebens. Auch ein großes Büro und ein hohes Einkommen gehören zu dieser glanzvollen Seite, zum sichtbaren Erfolg im Business. Bei soviel Glanz und Gloria finden die weniger glanzvollen Seiten, der Arbeitsalltag und die Fleißarbeit, oft wenig Beachtung und werden erst recht kaum gewürdigt.

Dabei ist es doch gerade dieser mühsame Arbeitsalltag, auf den es ankommt. All die Überstunden, die kurzen Nächte und die Wochenenden auf Geschäftsreisen, all die zahllosen Versuche, Fehlschläge, Irrtümer und endlosen Mühen für winzige Fortschritte, all dies sind ja die entscheidenden Voraussetzungen für Glanz und Erfolg.

Wer auf diesen Alltag keine Lust hat, der wird auch keinen Ruhm ernten.

LII

Wer nicht wagt,
der nicht gewinnt

Fehlschläge im Business kosten meist so viel Geld, daß gesunde Großunternehmen häufig vor dem mit Innovationen verbundenen Risiko zurückschrecken. Im Durchschnitt lehnen mehr als 90 Prozent der Beschäftigten eines Unternehmens jede Veränderung oder Neuerung grundsätzlich erst einmal ab. Aber nur mit neuen Konzepten und neuen Produkten lassen sich auch neue Kunden gewinnen, das heißt, nur mit Innovationen kann ein Unternehmen seine Lebens- und Überlebensfähigkeit langfristig sichern.

Unternehmerische Innovation ist daher eine äußerst mühsame und undankbare Aufgabe, um so mehr, als auch die Unternehmenskultur, unabhängig vom offiziellen Sprachgebrauch des Unternehmens, den Innovationsgeist in der Regel nicht gerade fördert. Nicht umsonst bilden kreative Mitarbeiter in den meisten Unternehmen die absolute Ausnahme, obwohl sie von den Vorständen händeringend gesucht werden.

Nichts kann immer gleich perfekt funktionieren. Auch von Bestsellern und Broadwayerfolgen ist nicht gleich der erste Entwurf veröffentlicht worden. Die Entwicklung neuer Produkte ist ein Labyrinth, voller Irrwege und Sackgassen. Neue Konzepte brauchen ihre Zeit. Sie müssen in Ruhe entwickelt, durchdacht und überarbeitet werden, bevor sie brauchbar sind.

Lassen Sie gute Ideen reifen. Investieren Sie ein bißchen, aber nicht zu viel. Setzen Sie nicht schon in einem frühen Stadium große Summen aufs Spiel. Holen Sie sich von überall Feedback. Spielen Sie das Konzept in verschiedenen Varianten durch. Und schneiden Sie es genau auf die Bedürfnisse der Zielgruppe zu. Und vor allem: Testen Sie es. Probieren Sie dies und probieren Sie das. Dafür muß man nicht reden, Sitzungen abhalten oder Memos schreiben. Dafür muß man einfach etwas tun: eine Werbestrategie entwerfen, einen Prototyp bauen und Warenmuster verteilen. Und dann weiter daran arbeiten, es noch einmal anders zuschneiden und noch einmal testen.

Sollte die Idee nichts taugen, werden Sie es früh genug merken. Dann lassen Sie lieber die Finger davon. Ist die Idee aber wirklich gut, werden Sie jetzt auch den Vorstand dafür gewinnen können, denn durch Ihre Vorarbeit ist das Investitionsrisiko für Ihr Unternehmen kalkulierbar geworden.

LIII

Eile mit Weile

Eine der Mythengestalten des Business ist der aggressive, superselbstsichere Managertyp, der in rasendem Tempo Entscheidungen trifft. Dagegen ist auch nichts einzuwenden, solange es sich um Entscheidungen handelt, die jederzeit revidiert werden können, oder um mittlere Katastrophen, die keinen Aufschub dulden, wie zum Beispiel ein Werksbrand. Wenn aber Entscheidungen nur um der Schnelligkeit willen gefällt werden, dann wird die Sache riskant.

Es gibt also zwei Arten von Entscheidungen: die reversiblen und die irreversiblen. Diesen Unterschied zu kennen, zeichnet einen guten Manager aus. Reversible Entscheidungen kann man relativ schnell treffen. Sie sind von geringer Tragweite und jederzeit korrigierbar. Irreversible Entscheidungen sind das nicht. Mit ihnen muß das Unternehmen leben können.

Stellen Sie fest, welche Entscheidungen in Ihrem Unternehmen reversibel und welche irreversibel sind. Hier einige typische Beispiele für reversible Entscheidungen:

- Büroorganisation
- Planung von Werbekampagnen
- Preisgestaltung
- Entscheidungen vertagen
- Kommissionsbeschlüsse
- Unternehmenspolitik
- Wahl einer Versicherungsgesellschaft
- telefonische Kundenbetreuung

Folgende Entscheidungen hingegen sind meist irreversibel:

- Markennamen
- Akquisitionen
- Besetzung von Führungspositionen
- Gebäude
- EDV-Systeme

Je schneller jemand denkt und analysiert, desto schneller kann er auch entscheiden.

LIV

Ändern Sie nicht Ihr Erfolgsrezept

Was auch immer sich als erfolgreich erweist, und sei es noch so banal und althergebracht, das sollten Sie nicht ändern. Erfolge bestehen schließlich nicht nur darin, ein zentrales Problem zu lösen, ein absolut heißes Produkt zu entwickeln oder den Turnaround einer Abteilung zu schaffen. Das ökonomische Ziel eines Unternehmens ist vor allem, seinen Aktionären eine möglichst hohe Rendite auszuschütten, und dieses Ziel erreichen Sie, indem Sie auf profitorientierte Weise Kundenbedürfnisse erkennen und erfüllen. Was den Kunden gefällt, das sollten Sie daher nicht ändern. Weder das Label, noch die Zutaten, den Namen, den Preis, die Werbung oder sonst irgend etwas.

Die Disney Company hat das verstanden. Ihre Mickymaus ist mittlerweile schon über fünfzig Jahre alt. Als man die phänomenale Anziehungskraft der Maus erkannte, setzte man bei Disney alles daran, sie zu einer amerikanischen Ikone zu machen. Inzwischen ist Mickymaus nicht nur im Disneyland und im Disney Store der Star, sondern auch in unzähligen Filmen und Büchern. Die unterschiedlichsten Produkte, von Puppen bis zu Brillen, werden in ihrem Namen verkauft.

Auch das Unternehmen Procter & Gamble wird nicht müde, den Leuten zu erzählen, daß Ivory-Seife »zu 99,44 % rein« ist. Mit diesem Slogan wirbt P&G nun schon seit über hundert Jahren, und bis heute gehört Ivory in den USA zu den meist verkauften Seifen.

Ändern Sie nicht Ihr Erfolgsrezept. Verbessern Sie es höchstens noch.

LV

Gute Ideen sind gute Ideen – egal, woher sie kommen

Halten Sie immer Ausschau nach guten Ideen, ganz egal, wer sie hat. Das kann ein Kunde, ein Kind, ein Wettbewerber, eine andere Branche oder auch der Taxifahrer sein. Es spielt überhaupt keine Rolle, wer sich etwas ausgedacht hat. Wichtig ist, wer es umsetzt.

Viele Manager sehen das leider anders.

Kreative Leute sind Macher. Sie erkennen eine gute Idee auf den ersten Blick und setzen sie dann konsequent und mit ihrer ganz persönlichen Kreativität in die Praxis um.

Ein kreativer Mensch fragt nicht: »Wer hatte denn diese tolle Idee?« Und er hat es auch nicht nötig, Ideen und ihre Urheber auf irgendeine Weise herabzusetzen. Das interessiert ihn alles gar nicht.

Ein wirklich kreativer Mensch weiß eben, daß er nur einen einzigen Kopf hat, so schöpferisch dieser auch sein mag. Also steigert er seine Chancen auf gute Ideen, indem er sich von anderen inspirieren läßt. Mit den Ideen von hundert Leuten hat man die eigene Kreativität verhundertfacht.

LVI

Bürointrigen sind tabu

Überraschend viele Manager sind der Überzeugung, der Weg nach oben sei mit den Leichen ihrer Kolleginnen und Kollegen gepflastert. Also legen sie es ständig darauf an, andere Führungskräfte lächerlich oder sogar fertigzumachen. Manche fahren schwere Geschütze auf, die Geschickteren bevorzugen das Stilett. Oft sind sie Heuchler, die einem entweder zu Füßen liegen oder an der Gurgel hängen. Jeder kennt sie. Deshalb überleben sie auch nur in mangelhaften Organisationen.

Wuchernde Bürointrigen sind symptomatisch für eine schwache Führung. Möglicherweise ist das Vergütungssystem unfair oder undurchsichtig. Sogar die »Lehnstreue« könnte in Gefahr sein. Statt gegen die Konkurrenz und für neue Kunden gemeinsam ins Feld zu ziehen, verschwenden die Führungskräfte ihre Zeit mit internen Grabenkämpfen.

Seien Sie kein Zeitverschwender. Nutzen Sie Ihre Zeit sinnvoll und konstruktiv. Lassen Sie Ihre

Taten für sich sprechen. In guten Unternehmen zählt nur die Leistung.

Seien Sie immer der letzte, der es erfährt. Halten Sie sich aus Intrigen heraus. Gehen Sie nicht darauf ein, wenn Ihnen jemand etwas »ganz im Vertrauen« erzählen will. Fragen Sie nicht nach, geben Sie keine Antwort, und ergreifen Sie für niemanden Partei. Lästern Sie nicht, und verbreiten Sie keinen Klatsch. Sagen Sie bloß: »Keine Ahnung.«

Und arbeiten Sie weiter.

LVII

Bleiben Sie drahtig
und auf Draht

Ein bißchen Eitelkeit kann nicht schaden. Achten Sie auf Ihr Aussehen. Bleiben Sie fit und schlank. Lassen Sie sich regelmäßig von einem guten Friseur die Haare schneiden. Meiden Sie schrille, abgetragene oder gar billige Kleidung. Sorgen Sie für gesunde Bräune, statt Gefängnisblässe zur Schau zu tragen.

Achten Sie auf Ihre Gesundheit. Denken Sie sich gesund. Nehmen Sie Vitamine, essen Sie gesunde Kost und treiben Sie Sport. Vermeiden Sie ungesunden Streß, und suchen Sie sich Entspannungsmöglichkeiten. Lassen Sie sich einmal pro Jahr gründlich durchchecken.

Achten Sie auch auf gepflegte Zähne, damit Ihr Lächeln strahlend und Ihr Atem frisch ist. Haare, Hände und Fingernägel sollten ebenfalls immer sauber und gepflegt sein. Schuppen sind tabu, ebenso wie stark duftende Parfüms oder Rasierwasser.

Auch die Schuhe sollten stets geputzt sein. Wenn Sie mögen, tragen Sie ein Einstecktuch. Gewöhnen Sie sich einen dynamischen Gang an.

Kopf hoch. Und lächeln, bitte.

LVIII

Suchen Sie sich ein Vorbild

Die meisten Menschen können diejenigen Lehrer, die sie während der Schulzeit wirklich geprägt und beeindruckt haben, an einer Hand abzählen. Das gleiche gilt auch für Trainer und Mentoren. Und sie gilt erst recht im Wirtschaftsleben. Ein guter Chef ist nicht die Regel. Es gibt viele nette Leute und ein paar echte Katastrophen. Aber ein guter Chef ist die Ausnahme.

Ein guter Chef lehrt, ohne zu predigen. Sein Lob ist immer ernstgemeint. Seine Ansprüche sind hoch, aber immer erfüllbar. Er ist ehrlich. Er gibt seinen Mitarbeitern die Chance zu wachsen und blockiert ihre Entwicklung nicht mit vernichtenden Urteilen, öffentlicher Kritik oder bürokratischen Verfahrensweisen. Manche dieser Chefs mögen etwas verschroben oder gar pedantisch wirken, aber es sind immer souveräne, intelligente und aufgeschlossene Menschen, und sie arbeiten hart.

Suchen Sie schon früh in Ihrer Karriere den Kontakt zu solchen Menschen. Arbeiten Sie mit ihnen zusammen. Beobachten Sie sie genau. Sehen Sie sich ganz genau an, wie diese Leute mit Kritik, mit Problemen und mit ihren Mitarbeitern umgehen und wie sie es schaffen, etwas zu bewegen.

Machen Sie's genauso.

LIX

Überschreiten Sie nicht
Ihr Budget

Sorgen Sie dafür, daß Sie mit Ihren Projekten immer im vorgegebenen Zeit- und Finanzrahmen bleiben. Befördert wird nämlich nur der, der die Vorgaben einhält. Eine Budgetüberschreitung macht immer Probleme. Unternehmen stehen ohnehin ständig unter dem Druck, die Kosten senken zu müssen. Wenn Sie Ihr Budget nicht einhalten, erhöhen Sie diesen Druck nur noch.

Machen Sie es nicht wie der Kongreß der Vereinigten Staaten oder der Verkehrsminister. Selbst auf der untersten Ebene einer Organisation muß das Budget eingehalten werden. Aufgabe des Managers ist dabei die genaue Analyse der Zielvorgaben und die sorgfältige Planung und Kalkulation ihrer Umsetzung.

Schmale Budgets fördern die Kreativität und die Suche nach genialen Lösungen. Betrachten Sie schmale Budgets als Herausforderung. Entwickeln Sie neue und kostengünstigere Methoden und Techniken. Damit verschaffen Sie nicht nur Ihrem Unternehmen Wettbewerbsvorteile, sondern auch sich selbst.

LX

Unterschätzen Sie nie
einen Gegner

Gegenspieler können immer und überall unerwartet auftauchen, sei es bei der Konkurrenz, unter den Kollegen oder im Einkauf. Es gibt sie in allen Variationen: männlich oder weiblich, dick oder dünn, alt oder jung, nervtötend oder charismatisch. Sie können gesprächig oder maulfaul, etwas langsam oder auch dynamisch sein. Lassen Sie sich von ihrem Ruf oder ihrer Erscheinung nicht in die Irre führen. Überheblichkeit oder Selbstgefälligkeit sind hier nicht angebracht. Ziehen Sie keine voreiligen Schlüsse.

Unterschätzen Sie niemals die Intelligenz, die Ausdauer oder die Fähigkeiten eines Kontrahenten. Und unterschätzen Sie niemals seinen Einfluß, sei es positiv oder negativ. Trauen Sie ihm alles zu, auch Lug und Trug und Hinterlist.

Wenn Sie einen Gegner unterschätzen, laufen Sie immer Gefahr, überraschend eins auf die Nase zu kriegen. Wenn Sie ihn aber zu hoch einschätzen, können Sie höchstens positiv überrascht werden.

LXI

Trick siebzehn gegen Rufmörder

Ein Rufmörder kann zu einem der größten Stolpersteine auf Ihrem Weg nach oben werden. Rufmörder gedeihen am besten in Firmen, wo Intrigen zur Tagesordnung gehören, aber es gibt sie natürlich auch sonst überall. Auch Ihr Chef kann einer sein. Rufmörder sind unehrlich, hinterhältig und ehrgeizig. Keiner ist vor ihnen sicher, aber ihr besonderes Augenmerk gilt aufstrebenden Führungskräften, weil diese aufgrund ihrer höheren Risikobereitschaft häufiger Fehler machen und dadurch besonders angreifbar sind.

Rufmörder machen sich instinktiv zunutze, was Mark Twain in seinem Essay *»Advice to Youth«* einmal so treffend über die Lüge schrieb: »Die Wahrheit ist ein zartes Pflänzchen, aber eine raffinierte Lüge ist unausrottbar.« Rufmörder weisen aber andererseits auch zwei entscheidende Schwachpunkte auf: Zum einen können sie einem aufmerksamen Beobachter nicht lange verborgen bleiben. Und zum zweiten lassen sie niemanden aus.

Falls also Ihr Kollege im Gespräch mit Ihnen auf einen Rufmörder zu sprechen kommt, und das wird er, wenn Sie gerade sein neuestes Opfer sind, dann sagen Sie einfach: »Na klar, vor Herrn X ist sowieso niemand sicher.«

Da Ihr Kollege den Stil des Herrn X nur allzugut kennt, wird er glauben, daß auch er vor kurzem ein Opfer des Rufmörders war. Und schon ist der Mörder ermordet.

LXII

Werden Sie Mitglied im »Hätt'-ich-bloß-nicht-Club«

Wer zum »Hätt'-ich-bloß-Club« gehört, der sagt ständig »Hätt' ich dies bloß getan« und »Hätt' ich das bloß getan«. Der »Hätt'-ich-bloß-Club« ist voller Nichtstuer und Angsthasen, die jedes Risiko vermeiden. Sie haben alle solche Angst vorm Verlieren, daß sie an einen Sieg erst gar nicht zu denken wagen.

Dieser »Hätt'-ich-bloß-Club« ist langweilig. Wer zu diesem Club gehört, ist noch nie auf die Nase gefallen und hat noch nie im letzten Moment das Ziel verfehlt. All seine Mitglieder sind ohne Fehl und Tadel, absolut unauffällig. Deshalb findet man bei ihnen auch keine Chris Evert, keinen Arnold Palmer und keinen Larry Bird.

Der »Hätt'-ich-bloß-nicht-Club« dagegen ist genau das richtige für Sie. Hier treffen sich die Sieger. Denn für jede Gelegenheit, bei der Sie sich vorwerfen können »Oje, das hätte ich nicht tun sollen«, gibt es mindestens zehn andere, bei denen Sie Ihre Chancen optimal genutzt haben.

Ohne Mut zum Risiko gibt es auch keinen Erfolg.

LXIII

Das Konzept muß nicht perfekt sein, aber seine Umsetzung

Wenn Sie immer auf den idealen Zeitpunkt, das perfekte Produkt und die optimalen Bedingungen warten, werden Sie nie etwas nach vorne bringen. Selbst die besten Unternehmen und die besten Produkte sind seit ihren Anfängen immer wieder optimiert worden. Wenn Ihr Konzept also besser ist als alles Bisherige, wenn es ein Bedürfnis besser bedient als alles, was sonst auf dem Markt ist, dann setzen Sie es ohne zu zögern auch um. Es muß auch nicht unbedingt viel besser sein, es genügt schon, wenn es ein klein wenig besser ist. Lassen Sie nicht zu, daß Ihr Perfektionsanspruch jegliche Verbesserung blockiert.

Entwicklung und Umsetzung des Konzeptes sollten allerdings mit größter Sorgfalt und Liebe zum Detail durchgeführt werden. Lassen Sie nichts ungetan. Sorgen sie dafür, daß das Produkt termingerecht auf den Markt kommt. Auch die Werbestrategie, die Preisgestaltung und alles andere muß stimmen. Was auch immer Sie herausbringen wol-

len – ein neues Produkt, ein neues Herstellungsver-
fahren oder auch ein Immobilienprojekt –, Perfek-
tion bei der Umsetzung ist für den Erfolg entscheidend.

LXIV

Nur aus Schaden
wird man klug

Fehler sind Meilensteine. Sie sind Zeichen dafür, daß man sich auf einem neuen und unerforschten Gebiet bewegt. Und man kann aus ihnen lernen. Führen Sie Buch über all Ihre Fehler. Nutzen Sie dazu einen gesonderten Teil Ihres Ideenbuchs (vgl. Kapitel IX). Halten Sie genau fest, was Sie falsch gemacht haben. Wo haben Sie die falsche Entscheidung getroffen, und aus welchem Grund? Was hat Sie dazu gebracht, etwas Falsches zu sagen? Waren Sie vielleicht wütend? Oder wollten Sie bloß angeben? Haben Sie sich kindisch verhalten und womöglich gelästert? Oder hatten Sie vielleicht Ihre Hausaufgaben nicht gründlich gemacht, ein scheinbar unwichtiges Detail übersehen? Vielleicht waren Sie auch einfach zu faul? Seien Sie selbst Ihr strengster Richter.

Was auch immer der Grund für Ihren Fehler war, halten Sie ihn schriftlich fest, damit zumindest dieser Fehler nicht noch mal unterläuft. Schreiben Sie auf, was Sie daraus gelernt haben und was Sie in einer vergleichbaren Situation heute anders machen würden.

Fehler einzugestehen ist ein Zeichen von Sicherheit und Selbstvertrauen. Fehler einzugestehen signalisiert auch Flexibilität und Risikobereitschaft. Fehler sind ein unvermeidliches Nebenprodukt aktiver, tätiger Menschen.

Fehler sind die Meilensteine auf dem Weg zum Erfolg.

LXV

In der Gegenwart leben, für die Zukunft planen und Vergangenes vergessen

Was vorbei ist, ist vorbei. Versuchen Sie nicht, die Vergangenheit zurückzuholen. Konzentrieren Sie sich lieber auf das Hier und Jetzt, statt auf den Schnee von gestern. Die Gegenwart ist das Entscheidende. Nur auf sie hat man direkten Einfluß. Die Gegenwart ist immer so, wie Sie sie haben wollen.

Machen Sie Pläne für die Zukunft. Damit auch der nächste Tag ein guter Tag wird.

LXVI

Lachen ist gesund

Im Business kann einem das Lachen nur zu schnell vergehen. Hat man aber auch im Job nichts zu lachen, dann ist die Zeit gekommen, sich entweder einen anderen zu suchen oder für ein bißchen mehr Spaß zu sorgen.

Wenn Ihre Mitarbeiter öfter mal etwas zu lachen haben, werden sie nicht nur viel effektiver und kreativer arbeiten, sondern auch insgesamt viel zufriedener sein. Eine Arbeitsatmosphäre, in der jeder Blut und Wasser schwitzt, ist einfach kontraproduktiv.

Eine Managerin, die ihren Sinn für Humor bewahrt hat und ihn nutzt, um die psychische Belastung ihrer Mitarbeiter zu verringern, wird immer mit einem fröhlichen und hochmotivierten Team belohnt werden.

Sinn für Humor ist ein Zeichen von Intelligenz. Und beides braucht eine Unternehmensleiterin.

LXVII

Die Familie ist Ihr wichtigster Kunde

Im Business ist es schnell der Fall, daß man all seine Zeit und Energien der Karriere opfert. Je aktiver Sie werden, desto mehr haben Sie natürlich auch zu tun. Lassen Sie aber trotzdem nicht zu, daß Ihre Familie sich deshalb zurückgesetzt fühlt. Das wäre ein großer Fehler.

Sie brauchen die Unterstützung Ihrer Familie. Auch für Ihren beruflichen Erfolg. Sie brauchen einen engagierten Partner, der auch bereit ist, gewisse Opfer zu bringen. Und Sie brauchen eine Familie, die Ihre Zukunftspläne mitträgt.

Deshalb sollte auch die Familie in Ihrem Terminkalender eine Rolle spielen. Planen Sie möglichst viele Fußballspiele und gemeinsame Urlaube ein. Machen Sie früher Schluß, wenn Sie mit Ihren Kindern losziehen wollen. Setzen Sie Familienaktivitäten ganz oben auf die To-do-Liste. Schöne Stunden mit der Familie zahlen sich hundertfach aus.

Legen Sie Buch oder Zeitung zur Seite, wenn

Ihr Partner oder Ihre Kinder mit Ihnen sprechen. Stellen Sie den Fernseher leise, und wenden Sie sich ihnen zu. Damit fördern Sie nicht nur den Zusammenhalt Ihrer Familie, sondern auch Ihre Fähigkeit zuzuhören. Außerdem ist es einfach eine schöne Geste.

Nehmen Sie Ihre Familie ebenso ernst wie Ihren Job oder Ihren wichtigsten Kunden.

LXVIII

Ohne Ziele keine Treffer – ohne Treffer kein Erfolg

Wer beim Fußball oder Hockey gewinnen will, muß möglichst viele Tore schießen. Ein Tor ist das Ergebnis einer zielgerichteten, erfolgreichen Bemühung. Ohne Zielrichtung kann es also keinen Treffer, keinen Sieg und auch keinen Erfolg geben. Und das gilt nicht nur im Sport, sondern auch für das Business und für das ganze Leben.

Setzen Sie sich also Ziele. Auch in den Büchern über Zeitmanagement werden Sie bestätigt finden, daß Zielsetzungen ein erster Schritt zur Kontrolle über die Zeit sind. Nur wenn Sie sich Ziele setzen, können Sie Ihren Plänen Gestalt verleihen, Ihre Energien freisetzen und bündeln.

Halten Sie Ihre Ziele in Ihrem Ideenbuch fest (vgl. Kapitel IX). Unterscheiden Sie dabei mindestens zwei Kategorien – Ihre beruflichen und Ihre privaten Ziele. Erstellen Sie Zeitpläne, die Sie in Abschnitte von einem Jahr, von fünf, zehn und fünfundzwanzig Jahren staffeln. Teilen Sie den Jahresplan wiederum in Monate und die Monate wiederum in Wochenabschnitte ein.

Nutzen Sie diese Pläne als Basis für Ihre täglichen, wöchentlichen, monatlichen und jährlichen To-Do-Listen. Setzen Sie immer auch einen Punkt auf Ihre Tagesordnung, der Sie einem Ihrer langfristigen Ziele näherbringt, damit Sie sie nicht aus den Augen verlieren.

Wer sich kein Ziel setzt, der kann es auch nicht erreichen.

Nur wer Ziele hat, hat auch Erfolg.

LXIX

Denken Sie
auch an die Lebensgefährten
Ihrer Mitarbeiter

Wer in der Wirtschaft Karriere machen will, muß enorm viel leisten. Der persönliche Erfolg hängt aber auch stark von der Leistung des Teams ab. In dem Maße, wie Sie Ihren Leuten die Arbeit erleichtern, können diese auch Zusätzliches leisten. Dabei spielen die Ehepartner oder Lebensgefährten Ihrer Mitarbeiter eine nicht zu unterschätzende Rolle. Auch sie können Ihren Kollegen die Arbeit erleichtern, indem sie zum Beispiel Verständnis zeigen, wenn Überstunden und Geschäftsreisen anstehen. Aber sie können auch allen das Leben schwermachen und sogar den Erfolg eines ganzen Projektes in Frage stellen, wenn sie ständig nörgeln und unzufrieden sind. Für ein Unternehmen können die Ehepartner zu wichtigen Verbündeten werden, aber auch zu gefährlichen Gegnern.

Das müßte eigentlich jeder längst wissen, trotzdem werden diese potentiellen Bündnispartner nur zu oft vergessen.

Denken Sie auch an die Familien Ihrer Mitarbeiter. Danken Sie ihnen persönlich für ihre Unterstützung, wann immer Sie Gelegenheit finden. Wenn ein Mitarbeiter geschäftlich im Ausland unterwegs ist, lassen Sie seiner Frau Blumen schicken. Wenn Sie selbst unterwegs sind und ein Kollege Sie zum Essen einladen möchte, dann sorgen Sie dafür, daß seine Partnerin mitgeht.

Arrangieren Sie öfter mal ein »Wochenende zu zweit«, wenn jemand besonders gute Arbeit geleistet hat.

Denken Sie an die Lebensgefährten Ihrer Mitarbeiter. Und alle werden sich wohler fühlen.

LXX

Denken Sie immer
wie ein Verkäufer

So lautet eine der ältesten Binsenweisheiten im Business. Rechnungsprüfer haben nichts zu rechnen, Hersteller nichts herzustellen und Manager nichts zu managen, wenn nicht und bevor nicht etwas verkauft wird. Und nur die wenigsten Produkte verkaufen sich von selbst. Die meisten müssen verkauft werden, das heißt irgendwer muß den Auftrag hereinholen, das Produkt ins Regal stellen und den Kunden dazu bringen, sein Geld dafür auszugeben. Verkaufen ist der Schlüssel zu jeder Unternehmung.

Egal also, welche Position Sie bekleiden, egal, für welches Unternehmen Sie arbeiten und egal auch, in welchem Bereich – ob Produktion oder Dienstleistung –, Sie sollten Ihren Job immer aus der Sicht des Verkäufers betrachten. Nur ein Verkäufer steht schließlich dem Kunden Auge in Auge oder Stirn an Stirn gegenüber, nur er bekommt Beschwerden und Absagen »aus erster Hand« zu hören.

Gehen Sie eine Zeitlang in den Außendienst. Versuchen Sie, etwas zu verkaufen. Begleiten Sie Verkäufer auf ihren Reisen. Führen Sie Verkaufsgespräche. Nehmen Sie an Verkaufsmeetings teil. Leiten Sie Fortbildungen. Verschaffen Sie sich einen Eindruck, was an der »Verkaufsfront« so los ist.

Zum einen gewinnen Sie damit das Vertrauen des gesamten Verkaufspersonals, das eine nicht zu unterschätzende Größe in jedem Unternehmen darstellt. Zum anderen können Sie sich Ihre Sporen im Verkaufsmanagement verdienen, einem nicht minder wichtigen Unternehmensbereich. Sie werden am eigenen Leib erfahren, was Verkäufer motiviert, aber auch, was sie demotiviert. Und Sie werden viel über Ihre Kunden lernen, und dieses Wissen bedeutet große Macht.

Kämpfen Sie an der Front, dann wird die Front auch für Sie kämpfen.

LXXI

Werden Sie ein Topverkäufer

Sie müssen lernen, »auf Teufel komm raus« zu verkaufen. Alles. Ob Sie nun erreichen wollen, daß Ihre Abteilung am Samstag arbeitet oder daß Ihr Chef seine Zustimmung zu Ihrem neuesten Konzept gibt oder daß Sie das von allen heiß begehrte Projekt übernehmen dürfen, Sie müssen dafür sorgen, daß Sie den Auftrag auch bekommen.

Es gibt Tausende von Büchern übers Verkaufen. Lesen Sie ein paar davon. Sie müssen ein absolut gnadenloser Verkäufer werden, mit nur einem Ziel im Kopf: Ich will diesen Auftrag.

Um so ein guter Verkäufer zu werden, müssen Sie nicht unbedingt besonders redselig oder extrovertiert sein. Sie müssen nur das Folgende tun:

1. Definieren Sie die Bedürfnisse Ihres »Kunden«.
2. Definieren Sie, in welcher Weise Ihr »Produkt« die Bedürfnisse Ihres Kunden bedient.
3. Entwickeln Sie eine unerschütterliche Beharrlichkeit und Ausdauer.

4. Führen Sie das »Verkaufsgespräch«.
5. Bitten Sie um den Auftrag.
6. Richten Sie sich darauf ein, so viele Verkaufsgespräche zu führen, bis Sie den Auftrag haben.

Beharrliche und ausdauernde Verkäufer wissen, daß sie die Fakten auf ihrer Seite haben: Sie wissen, daß etwa 25 Prozent aller Geschäfte schon dadurch zum Abschluß kommen, daß jemand einfach nur um den Auftrag bittet. Sie wissen aber auch, daß die restlichen 75 Prozent der Geschäftsabschlüsse erst nach vier oder mehr Verkaufsgesprächen zustande kommen. Sie wissen, daß 90 Prozent aller Verkäufer nie um den Auftrag bitten. Und sie wissen, daß 95 Prozent aller Verkaufsgespräche gar keine Verkaufsgespräche sind, sondern reine Unterhaltung. Daher wissen sie dann auch, daß es für einen wirklich beharrlichen und ausdauernden Verkäufer eigentlich kaum Konkurrenz gibt. Das Erfolgsrezept besteht ganz einfach darin, mehr wirkliche Verkaufsgespräche zu führen und dann um den Auftrag zu bitten.

Beharrlichkeit, Ausdauer und echtes »Commitment«, das ist es, was ein Topverkäufer braucht.

LXXII

Gründen Sie kein Imperium

Viele Manager glauben fälschlicherweise, daß sie für den Aufstieg in die Topposition nur dafür sorgen müssen, über ein möglichst großes Budget und einen möglichst großen Mitarbeiterstab zu verfügen. Dabei brauchen Unternehmen viel dringender solche Manager, die ihre Arbeit mit möglichst geringem Aufwand – also mit wenig Geld und wenig Leuten – erledigt bekommen.

Klagen Sie also niemals darüber, daß man mehr von Ihnen verlangt, als Ihr Budget erlaubt. Werden Sie nicht einer von diesen Managern, die dauernd mehr Geld und mehr Leute fordern. Schieben Sie Ihre beschränkten Mittel nicht als Entschuldigung vor.

Ein Imperium ist keine Erfolgsgarantie. Aufstieg und Macht gehören nämlich denen, die wirklich etwas bewegen, und nicht denen, die eine Menge Leute auf Trab halten.

LXXIII

Mehr Performance statt Papier

Viele Unternehmen befinden sich heutzutage in einem echten Dilemma. Durch den ständig wachsenden Wettbewerbsdruck sind sie gezwungen, sämtliche Abläufe immer weiter zu rationalisieren und den Verwaltungsaufwand zu reduzieren. Sie brauchen unternehmerische Energie, Innovationsgeist und wohldosierte Risikobereitschaft. Und sie brauchen ihre gesamten Ressourcen in Form von Zeit, Geld, Menschen oder Betriebseinheiten für den Kampf um die Marktposition. Trotzdem verschwenden sie zunehmend ihre Energien in einem ausufernden Papierkrieg* innerhalb der Organisationen.

Viele Unternehmen fürchten im Grunde nämlich die unternehmerische Initiative in den eigenen Reihen. Die unkonventionelle und unbürokrati-

---

* Damit ist der unkontrolliert anwachsende Verwaltungsaufwand in Organisationen gemeint, also all die überholten Vorschriften, veralteten Richtlinien, nutzlosen Formulare, externen Arbeitsgruppen etc.

sche Arbeitsweise kreativer und unternehmerisch denkender Mitarbeiter steht der herrschenden Unternehmenskultur meist diametral entgegen. Unternehmen verlangen von ihren Mitarbeitern ausführliche Monatsberichte, detaillierte Spesenabrechnungen, sorgfältig ausgefüllte Personalberichte, genaue Gesprächsprotokolle, Vierteljahresberichte, Jahresabschlußberichte, hundertseitige Geschäftsberichte, Planungsberichte für Sonderausgaben und hundert andere zeit- und kraftraubende Arbeiten, von denen nicht eine dafür sorgt, daß die Kasse klingelt.

Halten Sie sich aus diesem Papierkrieg heraus. Lassen Sie sich von Ihrem Unternehmen keine Bürokratiehandschellen anlegen. Monatsberichte sind Unsinn. Sie sind langatmig, langweilig und immer schon Schnee von gestern. Verschwenden Sie keine Zeit darauf, sie zu lesen. Und schreiben Sie erst recht keine. Wenn trotzdem von oben darauf bestanden wird, dann lassen Sie diese Aufgabe immer reihum von einem Ihrer Mitarbeiter erledigen. Jeder ist der Reihe nach dran. Jeder. Und jeder darf schreiben, was er oder sie will. Aber keiner sollte irgendwo abschreiben – lesen und abschreiben kostet viel zuviel Zeit.

Genauso überflüssig ist es, Reiseprotokolle anzufertigen (die ohnehin nur dem Zweck dienen,

Reiseanlaß und Spesenabrechnung zu rechtfertigen) oder Memos über eine Sitzung zu verfassen,
an der gerade erst alle teilgenommen haben.
Schreiben Sie nichts, wovon Ihr Unternehmen
nicht unmittelbar profitiert.

LXXIV

Lehren heißt lernen und leiten

Nutzen Sie jede sich bietende Chance, in Ihrem Unternehmen eine Schulungspräsentation durchzuführen. Egal, in welchem Bereich Sie tätig sind, Ihr gesamtes Unternehmen wird davon profitieren, wenn Sie Mitarbeitern anderer Abteilungen einen Einblick in Ihr Aufgabengebiet verschaffen. Zeigen Sie ihnen, was Sie (und Ihr Team) machen und wie und warum Sie das tun. Wenn Sie für die Finanzen oder die Arbeitsbeziehungen zuständig sind, dann erzählen Sie den angehenden Verkäufern etwas über Finanzierung oder Arbeitsbeziehungen. Und wenn Sie in der Werbung oder der Marktforschung tätig sind, dann weihen Sie die Leute aus der Produktion in die Geheimnisse der TV-Werbung oder der Marktforschung ein.

Wenn auch Fachfremde von Ihrer Präsentation profitieren sollen, dann muß sie gut vorbereitet sein. Das erfordert viel Arbeit, Planung, Überblick und Erfahrung. Durch die besonders eingehende und disziplinierte Beschäftigung mit Ihrer Thematik werden Sie Ihr eigenes Wissen noch weiter ordnen und vermehren können.

Gute Vorbereitung und ein bißchen Routine sind die Schlüssel zu einer guten Präsentation. Mit einer guten Präsentation können Sie sich im ganzen Unternehmen einen Namen machen als Experte auf Ihrem Gebiet. Außerdem lernen Sie eine Menge Leute aus anderen Unternehmensbereichen kennen und eröffnen sich damit immer neue Einflußbereiche.

Wenn Sie immer wieder anderen Mitarbeitern Ihren Verantwortungsbereich erläutern müssen, werden Sie gleichzeitig auch lernen zu erläutern, inwiefern dieser Bereich für das Unternehmen wichtig ist. Und wenn Ihnen das gelingt, dann wird Ihr Publikum auch schnell begreifen, inwiefern Sie selbst für das Unternehmen wichtig sind.

LXXV

Keine Chance für Pessimisten

Jedes Unternehmen steckt voller Pessimisten. Es gibt sie in allen Farben und Formen und in den verschiedensten Positionen und Charakteren. Man erkennt sie unschwer daran, daß sie dauernd so etwas sagen wie: »Das haben wir doch alles schon mal probiert« oder »Das machen die da oben nicht mit« oder »Das ist viel zu teuer« oder was es sonst noch so an Miesmachersprüchen gibt. Sehr beliebt ist auch dieser absolut unerträgliche Spruch »Das funktioniert doch sowieso nicht«, der immer ganz besonders lähmend wirkt, weil er in der Regel von den älteren Mitarbeitern kommt, die schon viel länger im Unternehmen sind. Gerade junge Menschen, die noch voller Begeisterung stecken, lassen sich davon leicht beeindrucken. Außerdem werden die Miesmacher immer dafür sorgen, daß ihre Unkenrufe sich bewahrheiten und der Status quo sich noch mehr verfestigt.

Dazu ein Beispiel: Anläßlich der Ölkrise in den siebziger Jahren sah sich die Automobilindustrie gezwungen, den Benzinverbrauch ihrer Fahrzeuge drastisch zu senken. Einer der führenden Hersteller erteilte seinen Chefingenieuren den Auftrag, zu diesem Zweck das Gewicht der Fahrzeuge zu reduzieren. Aber die Chefingenieure zeigten sich nicht flexibel genug. Sie behaupteten, die Produktion leichterer Autos koste zuviel Geld und brächte außerdem Sicherheitsprobleme mit sich. Daraufhin stellte das Unternehmen eine Menge junger und unerfahrener Ingenieure ein, die die Autos binnen kurzem gleich um mehrere hundert Kilo erleichtern konnten. Sie wußten es einfach nicht besser.

Geben Sie nicht auf. Und geben Sie nicht nach. Das Unternehmen braucht Leute mit Ideen. Leute mit Ideen kommen ganz nach oben. Lassen Sie sich von den Pessimisten nicht auf das Mittelmaß zurechtstutzen. Denken Sie kühn. Und setzen Sie mit Begeisterung um. Gehen Sie gegen die Passivität in Ihrem Unternehmen an. Schon mit kleinen Erfolgen können Sie auch andere kreative Mitarbeiter und Förderer hinterm Ofen hervorlocken.

Betrachten Sie die Miesmacher als etwas Positives, als eine Herausforderung. Schließlich zwingen Sie uns mit ihrem Pessimismus, unsere Hausaufgaben nur noch gründlicher zu machen und uns noch mehr dafür einzusetzen, daß unsere Ideen zum Erfolg werden.

Epilog

Vielen Dank, daß Sie dieses Buch gelesen haben. Schlagen Sie es jetzt an irgendeiner beliebigen Stelle auf, legen Sie den Finger auf eine Passage, und tun Sie, was dort steht.

Und schon sind Sie Ihrem Aufstieg zum Boß wieder ein Stück nähergekommen.

Der Autor

Jeffrey J. Fox ist der Gründer von Fox&Co, Inc., einer der führenden Unternehmensberatungen für den Marketingbereich, mit Sitz in Avon, Connecticut, die mit mehr als sechzig Unternehmen in mehr als sechzig Branchen zusammenarbeitet. Vor der Gründung seines Unternehmens war Jeffrey Fox bei der Firma Loctite tätig, zunächst als stellvertretender Marketingleiter und später als stellvertretender Geschäftsführer. Darüber hinaus leitete er den Marketingbereich für die Weinsektion bei Pillsbury und bekleidete diverse Führungspositionen im Marketing bei Heublein, Inc., unter anderem die des Leiters der Produktentwicklung. Fox war Preisträger des »Outstanding Marketer Award« von der Zeitschrift *Sales and Marketing Management* und wurde im Rahmen des »National Industrial Distributor Award« zum »Nation's Best Industrial Marketer« gewählt.

Als Absolvent der Harvard Business School ist er Gegenstand einer Fallstudie der Harvard Business

School. Im Rahmen dieser Studie zählt seine Laufbahn zu den hundert wichtigsten im Business und
gilt darüber hinaus als eine der bekanntesten Mar-
ketingfallstudien weltweit. Zahlreiche Artikel, u. a.
auch im *Wall Street Journal* und im *Business Marketing*, und viele weitere Publikationen sind seiner
Person gewidmet. Er ist Mitglied des Board of
Trustees des Trinity College in Hartford und lebt
heute in Connecticut.

Reggie von Zugbach

Von Mr. Downsizing und anderen Zeitgenossen

Nicht-konventionelle Einsichten ins Business

216 Seiten, gebunden mit Schutzumschlag

Ehrlich, witzig, böse: Mit ungewöhnlichen Einsichten ins Business schlägt der »Einzelkämpfer« Reggie von Zugbach erneut zu. Der schottische Adlige und Professor für Management und Marketing an der Universität von Paisley nimmt sich mit einer gehörigen Prise schwarzen Humors des heutigen Unternehmenswandels und seiner Folgen an. Sie werden hier nichts über Globalisierung oder neue persönliche Marketingstrategien lesen. Aber Sie erfahren alles, was Sie wissen müssen, um im Management von heute zu überleben und aufzusteigen – möglichst ohne Blessuren. Reggie von Zugbach lehrt augenzwinkernd, wie Business in Wahrheit funktioniert, welche Tricks Sie beherrschen und welche Taktiken Sie anwenden müssen, um nicht als ewiger Angestellter und Abziehbild von Scott Adams' Dilbert Ihre Karriere zu beenden. Wenn Mr. Downsizing, Mr. Lean Management oder Dr. Vorzeitiger Ruhestand Ihnen im Nacken sitzen, dann hilft Ihnen Zugbach zu überleben und im gnadenlosen Managementspiel stets Sieger zu bleiben. Ein ideales Buch für alle, die von konventionellen Managementratgebern genug haben.